...TES DE RUSSIE
...805-1816.

VIE

DU

ARC FOLLOPPE

DE LA COMPAGNIE DE JÉSUS

PAR

LE PÈRE GAGARIN

DE LA MÊME COMPAGNIE

PARIS

PLON ET Cⁱᵉ, IMPRIMEURS-ÉDITEURS

RUE GARANCIÈRE, 10

1877

Tous droits réservés

VIE

DU R. P. FOLLOPPE

L'auteur et les éditeurs déclarent réserver leurs droits de traduction et de reproduction à l'étranger.

Ce volume a été déposé au ministère de l'intérieur (section de la librairie) en janvier 1877.

PARIS. TYPOGRAPHIE DE E. PLON ET Cⁱᵉ, RUE GARANCIÈRE, 8.

VIE

DU

P. MARC FOLLOPPE

DE LA COMPAGNIE DE JÉSUS

PAR

LE PÈRE GAGARIN

DE LA MÊME COMPAGNIE

PARIS

E. PLON ET Cⁱᵉ, IMPRIMEURS-ÉDITEURS

RUE GARANCIÈRE, 10

1877

Tous droits réservés.

PRÉFACE

Qu'est-ce que le P. Folloppe? qui a entendu parler de lui? pourquoi écrire sa vie? Voilà sans doute ce que diront bien des personnes en voyant le titre de ce livre.

Le P. Folloppe a été toute sa vie un homme obscur, mettant à se faire oublier le soin que d'autres mettent à faire parler d'eux, et pratiquant à la lettre le conseil de l'auteur de l'*Imitation* : *Ama nesciri*. Rien ne le distingue au dehors, mais c'était un saint, et toutes les industries de son humilité n'avaient pu faire que cette sainteté ne fût remarquée et appréciée par les témoins de sa vie.

Aussi, lorsqu'il mourut, les supérieurs de la Compagnie de Jésus, en France, invitèrent tous ceux qui l'avaient connu à mettre par écrit ce qu'ils jugeraient digne d'être noté. Ces matériaux devaient servir à écrire la vie du P. Folloppe. Cette vie n'a jamais été écrite, mais les notes ont été réunies. Elles se sont conservées; nous les avons eues entre les mains, et nous n'avons eu d'autre peine qu'à les coordonner et à les transcrire en les abrégeant. Elles forment deux cahiers reliés, faisant partie des archives de l'École Sainte-Geneviève, rue Lhomond, à Paris. Ce recueil de souvenirs et de témoignages, émanant de personnes qui avaient toutes connu le P. Folloppe et avaient vécu dans son intimité, est un vrai trésor, dont nous avons voulu tirer parti. Nous y avons été porté d'autant plus volontiers, que le P. Folloppe est entré dans la Compagnie en Russie, qu'il a séjourné dans ce pays pendant plusieurs années, qu'il a été un des professeurs du collége de Saint-Pétersbourg. Or, il nous a semblé que dans un temps où les Jésuites sont en Russie l'objet de tant de calomnies, il n'était pas superflu de montrer ce qu'était un de ces professeurs obscurs, qui n'était guère connu que des élèves de sa classe, et qui, aux yeux du monde, passait inaperçu. Peut-être la lecture de ces pages aura-t-elle pour résultat d'amener quelques-uns de mes compatriotes, animés de sentiments si hostiles aux Jésuites, à se convaincre qu'ils les condamnent sans les connaître, sur le témoignage de gens qui ne les connaissaient pas davantage.

J. G.

VIE

DU R. P. FOLLOPPE

CHAPITRE PREMIER.

JEUNESSE DE MARC FOLLOPPE.

La petite ville de Gournay en Bray, qui est aujourd'hui un chef-lieu de canton dans le département de la Seine-Inférieure, a été la patrie de Marc Folloppe. Il y est né le 25 avril 1763.

Son grand-père était originaire de Caudebec, et, sur douze enfants qu'il avait eus, trois ont embrassé l'état ecclésiastique. L'un a été chanoine à Gournay, un autre est mort curé d'Argentan, après avoir fondé dans cette ville un hospice, et un troisième a été grand vicaire de l'évêque du Mans.

M. François-Bernard Folloppe, père de celui dont nous écrivons l'histoire, était un excellent chrétien, qui ne se contentait pas de l'observation

la plus exacte des préceptes ; il donnait un temps
considérable à la prière, à la lecture et autres
exercices de piété. Il s'était fait une loi inviolable
de réciter tous les jours le bréviaire. Il avait épousé
le 27 avril 1757 mademoiselle Marie-Marguerite
Regnault, et il eut le bonheur de trouver dans la
compagne de sa vie une femme d'un grand mérite
et d'une piété peu commune.

De ce mariage si bien assorti, naquirent neuf
enfants. Deux moururent en bas âge ; sur les sept
qui survécurent, il y eut trois filles et quatre fils.
L'aînée des filles épousa M. Vattier à Caudebec, la
seconde devint la femme de M. Lecornu à Paris,
la troisième fut mariée au vicomte de Belligny.

Un homme d'une vertu aussi solide que M. Folloppe ne pouvait manquer de considérer l'éducation
de ses enfants comme le plus important de ses devoirs. Il avait été lui-même élevé par les jésuites,
et il avait toujours conservé pour ses anciens
maîtres la plus haute estime et la vénération la
plus profonde. Il aimait à en parler à ses enfants et
à leur exprimer le regret qu'il éprouvait de ne
pouvoir confier leur éducation à la Compagnie
alors supprimée.

M. Folloppe était bailli de Gournay, ou, pour re-produire tous ses titres dans le langage du temps, procureur fiscal en la maîtrise des eaux et forêts du comté de Gournay en Bray, et lieutenant général civil, criminel et de police au bailliage dudit lieu. Sa fortune était médiocre.

Quand le temps en fut venu, il envoya au collége de Beauvais ses deux aînés; Marc-Félix-Condé, qui nous intéresse plus particulièrement, était le second; son frère avait un an de plus que lui. Lorsque les deux autres frères furent en âge de commencer leurs études, les ressources de M. Folloppe ne lui permettant pas de mettre ses quatre fils en pension, il prit le parti de les établir dans un petit appartement garni à Rouen, d'où ils allaient suivre les cours du collége. Le jeune Marc ne se fit d'abord remarquer que par la régularité de sa conduite, son application à l'étude, sa docilité et son exactitude à remplir tous les devoirs d'un bon écolier. Mais, à l'âge de quinze ans, il éprouva un grand attrait pour la prière, la retraite et la vie intérieure. C'est à cet amour du recueillement, et peut-être aussi, comme il paraissait le croire, à sa timidité naturelle, qu'il dut d'échapper à tous les périls qui environnent la jeunesse et de conserver le précieux trésor de l'innocence.

L'Esprit-Saint, qui se plaît à se communiquer aux âmes pures, lui donnait des lumières abondantes. La fidélité avec laquelle le vertueux jeune homme y correspondait lui fit faire des progrès si rapides dans les voies intérieures, qu'étant âgé de quinze à seize ans seulement, il faisait déjà ses délices de la lecture des ouvrages de la plus haute et de la plus solide spiritualité, ouvrages que beaucoup de personnes très-vertueuses auraient peine à lire dans un âge plus mûr. Un des auteurs qu'il lisait plus habituellement pendant sa rhétorique était le P. Guilloré. Quelques mois avant sa mort, il ne pouvait se rappeler sans attendrissement les grâces dont ces lectures avaient été alors le canal.

Il était dans sa dix-septième année, lorsque son père l'envoya avec ses frères à Paris. Il leur loua une chambre dans le collége du cardinal Lemoine : c'est là que Marc Folloppe fit sa philosophie et peut-être sa rhétorique. Ses frères le regardaient comme leur mentor et avaient pour lui une affection mêlée de respect.

Il évita les dangers de la grande ville par son

application à l'étude, la fréquentation des sacrements, la pratique de l'oraison et la fuite des occasions. Il ne sortait guère que pour visiter les églises
et les autres lieux propres à nourrir la piété. Il
avait un goût extraordinaire pour la parole de
Dieu. Il ne manquait jamais d'assister au sermon
le dimanche, à moins de raisons graves. Quand le
P. Beauregard prêchait à Paris, Marc allait prendre
sa place plusieurs heures d'avance, et, de retour au
logis, il répétait devant ses frères ce qu'il avait
entendu. C'est à cette époque qu'un sermon sur
l'amour du prochain fit sur lui une impression si
vive, qu'il se ressentit toute sa vie de l'effet que
cette parole avait produit sur lui. Il s'attacha dès
lors à pratiquer cette vertu. Il y fit de rapides progrès. Il ne comptait pour rien ce qui n'était pénible
que pour lui-même; il était attentif à observer les
dispositions de ceux avec qui il était, pour deviner
ce qui pouvait leur faire plaisir. La pratique de la
charité entraînait après elle celle de la douceur, de
la patience, de l'humilité et des autres vertus qui
en sont le cortége ordinaire.

La racine de toutes ses vertus était dans l'oraison, à laquelle il s'appliquait avec délices. Les

maîtres de la vie spirituelle nous assurent qu'une âme favorisée du don d'oraison fait en peu de temps beaucoup plus de progrès dans la vertu qu'une autre, qui n'est pas dans les mêmes voies, n'en fait d'ordinaire en plusieurs années. L'exemple de Marc Folloppe vient à l'appui de cette vérité.

Nous voudrions bien faire connaître les faveurs signalées qu'il a reçues de Dieu dès son jeune âge et pendant toute sa vie, mais son humilité nous en a dérobé le secret. Il n'y a que deux personnes à qui il ait jugé nécessaire de le faire connaître. L'une d'elles est le P. Hochbichler; nous ne savons le nom de l'autre.

Avant que l'exercice du saint ministère lui eût appris à connaître les hommes, il ne lui était jamais venu en pensée de parler de ce qui se passait d'extraordinaire dans son intérieur, parce qu'il pensait que tout le monde éprouvait les mêmes choses. Le Saint-Esprit avait voulu par là mettre ses dons plus en sûreté et lui servir de maître et de guide dans ses routes difficiles.

On ne peut douter que les grâces signalées que le P. Folloppe a reçues de Dieu ont surpassé de beaucoup l'ordre commun. Il disait un jour à une personne, avec qui il lisait souvent des ouvrages ascétiques, qu'il n'y rencontrait point d'états intérieurs par lesquels il n'eût passé. Il lui dit encore en confidence qu'il avait reçu de bien grandes faveurs de Dieu.

Ces grâces précieuses qu'il commença à recevoir dans un si jeune âge lui inspirèrent de bonne heure l'amour de la vie cachée et de l'obscurité. Ce puissant attrait pour la vie intérieure fit naître en lui le désir de se consacrer au service des autels. Mais bientôt il se sentit pressé de rompre d'une manière plus complète avec le monde en embrassant l'état religieux.

« J'allais de temps en temps, disait-il à un de ses confrères qui nous a conservé ce récit, j'allais m'édifier auprès d'un chartreux de mes amis. Chaque fois que j'entrais dans le couvent, la paix, la joie spirituelle, en un mot l'abondance des délices célestes inondait mon cœur, au point que cette solitude me semblait un paradis sur la terre. »

La vie que menaient ces religieux était trop conforme à ses goûts pour qu'il n'eût pas la pensée de l'embrasser à son tour. Jamais le désir de se fixer pour toujours dans cette retraite ne se faisait sentir à lui plus vivement que lorsqu'il se promenait seul dans leur cimetière ou qu'il s'arrêtait à méditer auprès de la fosse qu'on y tenait toujours ouverte pour celui des religieux qui mourrait le premier.

« Mon confesseur, racontait-il encore, à qui je découvris ce qui se passait en moi, sentit bien que c'était là une vocation d'attrait; mais, envisageant d'un autre côté le besoin des peuples, dont le salut souffrait du petit nombre des pasteurs, il crut que c'était pour moi un motif suffisant de persister dans mon premier dessein, d'entrer dans le clergé séculier. »

Cette décision causa à M. Folloppe plus d'une inquiétude dans le cours de sa vie, mais à ce moment il déféra aveuglément à des conseils qu'il regardait comme des ordres.

Cependant il venait de terminer son cours de philosophie avec le succès qu'on pouvait attendre de la solidité et de la pénétration de son esprit, et d'une application soutenue pendant trois années entières; on lui offrit alors une chaire de philosophie à Paris. L'éloignement pour tout ce qui avait de l'éclat et tout ce qui ne s'accordait pas avec l'obscurité dans laquelle il voulait vivre rendit inutiles toutes les instances qu'on put lui faire. Il ne songea plus qu'à solliciter le consentement de son père pour exécuter la résolution qu'il avait prise de se consacrer à Dieu dans l'état ecclésiastique. Aussitôt qu'il l'eut obtenu, il entra avec son frère aîné au séminaire Saint-Louis, près le Luxembourg, à Paris.

Cent ans ne se sont pas encore écoulés depuis les faits que nous racontons, et que de changements ! Ce n'est pas seulement la société, avec ses lois, ses institutions, son esprit, ses habitudes, qui est tout autre ; les lieux eux-mêmes n'ont plus la même physionomie. Les chartreux s'étaient créé une solitude dans Paris, et aucun vestige n'est resté d'eux dans cet espace d'eterrain qui s'étend de la grille du jardin du Luxembourg au delà de l'Observatoire, de la rue d'Enfer à la rue Notre-Dame-des-Champs. Il y a quelques années, nous nous promenions dans les massifs de la Pépinière, et la Pépinière elle-même a disparu. Il en est de même de ce séminaire Saint-Louis, connu aussi sous le nom de Saint-Pierre-Saint-Louis ; il avait été fondé au dix-septième siècle, rue du Pot-de-Fer, que personne ne songeait à nommer rue Bonaparte; dans les premières années du siècle suivant, il avait été transféré à l'extrémité de la rue d'Enfer. Le collége du cardinal Lemoine dont nous avons parlé plus haut était placé dans le même quartier, mais plus près de la Seine. Il faut presque être archéologue pour retrouver dans le Paris moderne ces vieux souvenirs. Mais alors tout cela existait encore, et semblait devoir durer toujours. Marc Folloppe trouva au séminaire un genre de vie qui avait beaucoup de charme pour lui. L'étude de la théologie, la discipline de ces maisons régulières, et surtout le silence qu'on y observe s'accordaient bien avec son inclination naturelle et ses goûts. Il s'adonna à l'exercice de l'oraison avec plus de liberté qu'il n'avait pu faire jusqu'alors. Il y consacrait tout le temps que lui laissait l'étude et une partie de celui qu'on accordait aux délassements des séminaristes; les supérieurs, qui connaissaient son attrait pour l'oraison, lui avaient permis de se retirer pendant ce temps dans sa chambre. Ses condisciples lui faisaient quelquefois un reproche de ce qu'il paraissait si peu dans les récréations. Ce n'est pas qu'ils le trouvassent mauvais, ils en étaient au contraire édifiés; car son recueillement habituel, sa modestie et sa ferveur leur eurent bientôt fait pénétrer les motifs de sa conduite; mais l'estime qu'on avait pour lui le faisait rechercher de tout le monde. Quelque soin que prît le fervent séminariste pour cacher ses communications avec Dieu, il ne put y réussir si parfaitement que les supérieurs surtout n'entrevissent qu'il y avait de l'extraordinaire. Ce que certains indices leur avaient fait deviner se confirma de manière à ne laisser aucun doute. Dans une ordination, au milieu de la cérémonie, il eut une extase qui lui ôta l'usage de ses sens jusqu'à la fin de la messe. Lorsque le clergé se retirait à la sacristie, on s'aperçut qu'il restait immobile dans le sanctuaire, dans la même attitude où l'extase l'avait surpris; on fut obligé de le secouer pour le faire revenir à lui. Ces effets visibles et la piété rare qui avait éclaté en lui pendant son séjour au séminaire le firent distinguer du supérieur qui conserva pour lui toute sa vie autant d'estime que d'affection. L'archevêque de Paris[1], dans un certificat qu'il lui

[1] Cet archevêque de Paris était Antoine-Éléonore-Léon Leclerc de Juigné, né en 1728, qui avait succédé sur le siége de Paris à Christophe de Beaumont, mort en 1781.

donna, après un bel éloge de ses vertus, parla des faveurs qu'il recevait du ciel, et en particulier de celle dont il avait été témoin. M. Folloppe en fut fort surpris, car il s'imaginait naïvement que les autres recevaient les mêmes grâces que lui, et ce n'était que par une sorte d'instinct surnaturel qu'il ne négligeait rien pour leur en dérober la connaissance. Pendant la dernière année de sa vie, il regrettait d'avoir été si longtemps sans connaître les grâces singulières dont Dieu l'avait prévenu de si bonne heure, parce que, disait-il, il aurait été moins infidèle, et qu'il se serait efforcé de témoigner à Dieu sa reconnaissance pour tant de bonté. Cette erreur montre bien la simplicité et la candeur de cette belle âme.

Peu de temps après son retour dans son diocèse, l'archevêque de Rouen le nomma à la cure de Saint-Clair, près Gournay, à un quart de lieue de la résidence de son père.

Ce fut là qu'il connut une âme privilégiée qui lui prédit son entrée dans la Compagnie de Jésus. C'était une fervente religieuse dont il connaissait bien l'humilité, la prudence et la réserve. Un jour, après une communion pendant laquelle il remarqua

aisément qu'il se passait en elle quelque chose
d'extraordinaire, elle lui adressa ces paroles : « J'ai
« beaucoup prié pour vous tout à l'heure. On va
« détruire en France tous les ordres religieux ; il
« n'en restera pas un seul, mais il y aura ensuite
« un ordre tout consacré à la gloire du Sacré-
« Cœur et à l'instruction de la jeunesse. » — « Ma
« Sœur, lui répondit-il, priez le bon Dieu de vous
« faire connaître si c'est sa volonté que j'en sois. »
Le lendemain, au sortir de la messe, la religieuse [1]
lui répondit : « Vous en serez. » — « Êtes-vous bien

---

[1] Nous ignorons à quelle communauté appartenait cette religieuse. Nous savons seulement qu'il y avait à Gournay une maison de franciscaines du tiers ordre, fondée au seizième siècle par les ducs de Gournay, selon Wadding (*ad ann.* 1523, vol. XVI, p. 180), par les ducs de Normandie, selon Gonzaga. Ces bonnes filles avaient beaucoup de maisons dans tout le nord-est de la France. Instituées spécialement pour le service des lépreux, des pauvres, des pèlerins, et surtout des pestiférés, au quatorzième siècle, elles n'ont pas grandement modifié cette première destination en restant sœurs hospitalières et gardes-malades, depuis que les fléaux de la peste et de la lèpre sont devenus moins fréquents. Après la Révolution, le nombre des maisons qui ont pu se relever ne s'élève guère qu'à neuf. Depuis quelques années, elles se sont multipliées considérablement.

De la France, elles s'étaient répandues en Belgique et en Allemagne, où la Révolution leur a fait moins de mal. Naguère encore, elles y étaient très-florissantes. Nous devons ces renseignements à la parfaite obligeance du R. P. Apollinaire, de Valence, capucin.

sûre, ma Sœur, de ce que vous me dites? » — « Oui, très-sûre. »

Cet oracle eut son accomplissement quelques années après, mais par des voies que la prudence humaine ne pouvait prévoir.

Pendant que M. Folloppe exerçait les fonctions de curé à Saint-Clair, près Gournay, de grands événements s'accomplissaient autour de lui. La Révolution s'était déchaînée et avait décrété la constitution civile du clergé. L'abbé Folloppe montra en cette circonstance la modération qui l'a toujours caractérisé. Il la conserva inaltérable au milieu de l'agitation et de la chaleur des disputes auxquelles cette mesure donna lieu dans le sein du clergé.

Quand le devoir ou la charité demandait qu'il dît son sentiment, il le faisait avec modestie et défiance de lui-même, toujours sans aigreur et sans emportement. Cette réserve avant la décision de l'Église étonna certains ecclésiastiques qui, bien éloignés de sa modération, l'attribuaient à une foi chancelante. Plus tard, ces mêmes individus montrèrent par leur défection que la passion se cache souvent sous le nom et l'apparence du zèle.

Lorsqu'on exigea du jeune curé son adhésion à la

constitution, il fit par lettre une réponse qui mettait
en sûreté les principes catholiques. Comme on dissi-
mulait son refus, et qu'on paraissait se contenter de
ce qu'il avait fait, il écrivit une seconde lettre dans
laquelle il exprimait sa surprise de ce qu'on voulait
bien prendre pour une adhésion ce qui était une
vraie condamnation. Il ajoutait qu'il condamnait la
constitution civile du clergé et la rejetait de nouveau
comme contraire à la foi. Cette seconde lettre eut
son effet. L'abbé Folloppe ne tarda pas à avoir part
à la persécution. Il se tint caché pendant quelque
temps, puis il passa en Angleterre. Il était alors
âgé de vingt-neuf ans. C'était donc en 1792. Après
avoir passé six mois en Angleterre, il se rendit en
Allemagne, et rejoignit son frère, le chanoine, qui
avait comme lui refusé le serment, s'était réfugié
en Suisse, et de là s'était transporté à Munster.

CHAPITRE II.

Au temps de la Révolution française, l'Allemagne présentait une tout autre organisation qu'aujourd'hui. On y voyait un grand nombre d'États ecclésiastiques et laïques qui, sous la suzeraineté de l'empereur d'Allemàgne, jouissaient d'une grande indépendance. Les évêchés formaient des principautés ecclésiastiques gouvernées par l'évêque conjointement avec le chapitre, la · noblesse et les députés des villes. Il arrivait quelquefois que plusieurs évêchés se trouvaient réunis sur une seule tête. Ainsi on avait vu le prince Clément-Auguste de Bavière posséder à la fois l'archevêché de Cologne et les évêchés de Liége, Munster, Paderborn, Hildesheim et Osnabruck. Après sa mort, Maximilien-Frédéric, comte de Kœnigsegg, réunit l'archevêché de Cologne et l'évêché de Munster. Ce prélat confia l'administration du pays de Munster au chanoine baron François de Furstenberg, avec le titre de ministre. Cet homme remarquable gouverna le pays avec une rare sagesse ; il s'attacha principalement à y créer des établissements d'instruction publique pour préserver la jeunesse des doctrines que le dix-huitième siècle avait mises à la mode. Ses efforts furent couronnés de succès, et il se forma dans ce pays une génération aux convictions fortes et vigoureuses.

En 1780, le comte de Kœnigsegg, archevêque de Cologne et évêque de Munster, étant très-avancé en âge, il fut décidé qu'on procéderait à l'élection d'un coadjuteur avec future succession. Le baron de Furstenberg eut un certain nombre de voix, mais la majorité s'étant prononcée pour son concurrent, l'archiduc Maximilien-François, il donna sa démission et se borna à remplir les fonctions de vicaire général.

Furstenberg avait réuni à Munster un certain nombre d'hommes éminents, et cette ville était, à la fin du siècle dernier et au commencement de celui-ci, un véritable centre et un foyer de l'intelligence catholique. La célèbre princesse Amélie Galitzin, née comtesse de Schmettau, s'y était établie. So fils, le prince Démétrius Galitzin, était parti de là en **1792** pour l'Amérique, où il n'avait pas tardé à embrasser l'état ecclésiastique. En **1802**, le comte Stolberg était venu s'y fixer. Le jeune comte Droste Vischering, qui devint plus tard archevêque de Cologne et s'illustra sous le nom de Clément-Auguste, appartenait au même cercle.

Autour de ces personnages se groupaient des noms moins connus, mais qui n'en contribuaient pas moins à faire de Munster une des villes les plus catholiques de l'Europe à cette époque. C'est là que l'abbé Folloppe fut jeté par la tourmente révolution-naire.

Mais bientôt l'attrait qu'il avait toujours éprouvé pour une vie obscure, pauvre et mortifiée, se réveilla en lui avec plus de vivacité; il crut les circonstances favorables pour exécuter son dessein. Il fallait pour cela se séparer de son frère. Cette séparation lui coûtait, mais il était persuadé que Dieu lui demandait ce sacrifice, et aucune considération humaine ne pouvait l'arrêter. Il chercha donc à la lui faire agréer. Fidèle à sa maxime d'oublier entièrement ses intérêts pour ne penser qu'à ceux du prochain, il remit à son frère tout ce qu'il avait d'argent, et sa charité industrieuse trouva moyen de le lui faire accepter. S'étant ainsi dépouillé de tout, sans autre ressource que sa confiance en Dieu, dans un pays étranger, dont à cette époque il ne parlait pas la langue, il chercha une retraite telle qu'il la désirait. Son choix se fixa sur un hameau où un meunier le reçut chez lui. Il s'y trouva dépourvu de toutes les aises que l'habitude change en nécessités, au milieu de personnes qui n'avaient ni la même éducation, ni les mêmes usages que lui. Pour ne pas être à charge à ses hôtes, il leur rendait tous les services qui étaient en son pouvoir, jusqu'à travailler souvent au moulin comme eux ; il resta six ans dans cet humble asile.

C'est sans doute pendant qu'il demeurait là qu'on lui fit manger à deux reprises, par mégarde, de la ciguë en guise de salade. Il ne mourut pas des suites de cet empoisonnement, mais sa santé, qui jusque-là avait été très-robuste, en subit de cruelles atteintes et demeura profondément altérée pendant le reste de ses jours.

C'est encore vers la même époque qu'il faut placer une aventure assez caractéristique, dont nous ignorons la date précise. Dans un des voyages qu'il fit en Allemagne, en compagnie d'un autre prêtre français, ils avaient à traverser une forêt : ils savaient qu'on était exposé à y faire de fâcheuses rencontres.

En effet, ils virent tout à coup un voleur sortir d'un fourré et marcher vers eux. Le compagnon de M. Folloppe se mit aussitôt à fuir à toutes jambes et parvint à s'échapper. Quant à lui, il n'eut pas plutôt aperçu le voleur que, sans se déconcerter, il se dirigea tranquillement vers lui et lui tendit la main en demandant l'aumône. Comme il était vêtu fort pauvrement, sa démarche paraissait fort naturelle. Le voleur répondit qu'il n'avait rien à lui donner et qu'il voulait précisément lui faire la même demande. Puis il rentra dans la forêt sans lui faire aucun mal.

Nous ne savons pas par suite de quelles circonstances il se détermina à quitter le meunier et à entrer dans la maison d'un grand seigneur aux enfants duquel il enseignait le français. Rien n'était moins conforme à ses goûts les plus chers, et, au milieu de toutes les aises de la vie, il regretta plus d'une fois la pauvreté et les privations qu'il avait éprouvées au moulin. Mais il était accoutumé à voir dans les événements extérieurs la manifestation de la volonté divine, et, tant qu'il crut obéir à cette volonté adorable, il ne tint aucun compte de ses répugnances. Il est probable qu'il demeura dans cette famille environ deux ans, de 1799 à 1801. A cette époque, la pensée de la vie religieuse s'empara de lui avec une nouvelle force; la décision de son confesseur, qui l'avait empêché d'entrer à la Chartreuse, et à laquelle il s'était soumis aveuglément dans sa première jeunesse, maintenant qu'il avait acquis plus de maturité, ne lui paraissait plus appuyée sur des raisons assez solides. Il aurait donc voulu se faire chartreux, mais ce n'était plus possible. La Révolution avait détruit ces asiles de la prière. Il y avait alors dans les environs, auprès de Darfeld, un monastère de trappistes, récemment fondé par les disciples du célèbre P. Augustin. C'est là qu'il voulut aller. Il prit donc congé du père de ses élèves; celui-ci, qui s'était singulièrement attaché à lui, fit tous ses efforts pour le retenir auprès de lui et, n'en pouvant venir à bout, il voulut lui conférer un bénéfice considérable alors vacant et qui était à sa nomination. Mais ce n'était pas ce que cherchait l'abbé Folloppe, et il courut s'enfermer à la Trappe.

La ferveur avec laquelle il se livra aux austérités en usage dans cet ordre le rendit presque insensible à tout ce qu'elles ont de plus effrayant pour la nature. Elles n'avaient rien de pénible pour lui; mais sa santé, qui était déjà notablement altérée, comme nous l'avons vu plus haut, n'était pas en état de supporter d'aussi rudes épreuves. Il vit ses forces décliner et il contracta une maladie grave, avant d'avoir terminé son noviciat. Le prieur lui représenta qu'il ne pouvait continuer ce genre de vie.

D'ailleurs, ajoutait-il, quand même vous voudriez demeurer parmi nous sans avoir égard au danger d'une mort prochaine, faites réflexion que la communauté est sur le point d'être sécularisée; ce n'est pas le moment de contracter des engagements. Il dut alors renoncer encore une fois à la vie religieuse. Cela se passait en 1802.

Parmi les prêtres français que la Révolution avait contraints de se réfugier dans le pays de Munster, il y en avait un du pays de Metz, qui s'appelait l’abbé Coince. L’abbé Folloppe le connut en 1803. Ils étaient du même âge, ils avaient les mêmes idées et les mêmes principes, ils avaient souffert pour la même cause, ils étaient tous deux Français, ils se rencontraient sur la terre étrangère, ils ne tardèrent pas à se lier d’une étroite amitié. L’abbé Folloppe prit l’abbé Coince pour directeur et se plaça sous sa conduite. Cette sainte amitié devait durer jusqu’à la mort.

Nous avons sous les yeux une note du P. Coince dans laquelle il n’est fait aucune mention de ce noviciat chez les Trappistes, ni de tout ce qui l’a précédé, mais qui nous donne quelques lumières sur ce que fit l’abbé Folloppe à partir de cette époque. — Il est probable qu’au sortir de la Trappe, M. Folloppe avait été retrouver son frère le chanoine, qui continuait à habiter Munster. C’est au moins là que l’abbé Coince fit sa connaissance à cette époque. Il nous dit qu’il se lia avec lui, et qu’il fut son confesseur pendant plus de deux ans, jusqu’au moment de leur départ pour la Russie, qui eut lieu dans le courant de l’été 1805. Cette note nous apprend que le cardinal de Montmorency, évêque de Metz, qui s’était réfugié à Munster, avait nommé l'abbé Folloppe son secrétaire, charge dont celui-ci s'acquitta jusqu'à la mort du prélat.

M. Coince était alors curé d'une paroisse qui n'était qu'à un mille d'Allemagne de la résidence de M. Folloppe. Ils se voyaient souvent. Un jour qu'ils faisaient ensemble leur retraite, M. Coince fit part à son ami du désir ardent qu'il avait d'entrer dans la Compagnie de Jésus. Ce n'était pas là une chose facile, même pour une âme habituée aux sacrifices. Par une suite de prodiges dans lesquels il était difficile de ne pas reconnaître la main de Dieu, la Compagnie s'était conservée en Russie. Expulsée du Portugal et de tous les États soumis à la maison de Bourbon, supprimée par un bref de Clément XIV, elle avait trouvé un asile sous le sceptre de Catherine II, et, à la demande de Paul Ier, le Pape Pie VII avait donné à son existence la sanction de son autorité. D'anciens jésuites italiens, allemands, français allaient avec bonheur dans ces climats lointains et rigoureux reprendre le joug de l'obéissance. Des jeunes gens, des prêtres, accouraient de tous les pays de l'Europe se ranger sous la règle de Saint-Ignace. L'abbé Coince résolut de suivre leur exemple, et de solliciter son admission dans la Compagnie de Jésus. L'abbé Folloppe, de son côté, soupirait depuis longtemps après la vie religieuse; il prit le parti d'accompagner son ami en Russie. Il y avait alors à Paderborn un ancien jésuite, le P. Esch, auquel le P. Gruber, général de la Compagnie de Jésus, avait délégué ses pouvoirs pour l'admission des sujets. L'abbé Coince lui écrivit en son nom et en celui de l'abbé Folloppe. La réponse ne se fit pas attendre. Le P. Esch ne mettait à leur admission qu'une seule condition. L'abbé Coince était chargé d'une paroisse; le P. Esch exigeait qu'avant de partir, il fût autorisé par le baron de Furstenberg à se pourvoir d'un successeur. Cette condition fut facilement remplie, et les deux amis n'eurent plus qu'à songer aux moyens de faire leur voyage. La princesse Galitzin, qui habitait Munster à cette époque, s'occupait avec beaucoup de zèle à procurer des secours aux ecclésiastiques et aux jeunes gens qui devaient entrer dans la Compagnie de Jésus. L'abbé Coince eut recours à elle.

Tous les obstacles étant levés, les deux aspirants à la Compagnie s'embarquèrent à Lubeck, au mois d'août de l'an 1805. Ils étaient accompagnés de quatre autres postulants allemands et flamands qui se rendaient également au noviciat de Dunabourg. C'étaient sans doute les PP. Marc Fournier et Emmanuel Sébille, les frères scholastiques Liboire Brock et Didier Van Huerne, dont l'entrée au noviciat est marquée sur les catalogues le même jour que celle des PP. Coince et Folloppe.

Laissons ici la parole au P. Coince : « La traversée, nous dit-il, n'aurait duré que cinq jours et aurait été des plus heureuses, si une tempête ne nous eût surpris en vue du port de Riga, chef-lieu de la Livonie, où nous devions descendre à terre. Elle dura trois jours et trois nuits, nous courûmes un très-grand danger, et notre vaisseau fut jeté sur les côtes de Suède. Nous mîmes quinze jours à revenir dans le port. L'équipage, consterné à la vue d'un si grand péril, était saisi de crainte. L'abbé Folloppe demeura calme, sans faire paraître la moindre émotion. » D'après une autre relation, un navire qui faisait route avec eux périt sous leurs yeux.

Enfin ils arrivèrent à Riga, d'où ils se rendirent à Dunabourg. Cette ville est située sur la Duna ou

Dwina occidentale, à une assez petite distance de
Riga. C'est là qu'était la maison du noviciat. Le
P. Rogalinski y exerçait les fonctions de recteur
et de maître des novices; il avait pour l'aider le
P. Anselme Eckhard. Ce vénérable Père, âgé de
quatre-vingt-quatre ans, était dans la Compagnie
depuis soixante-cinq ans; il avait passé une partie
de sa vie dans les missions du nouveau monde, et ne
les avait quittées que lorsque Pombal en avait violemment expulsé tous les jésuites. Il avait ensuite
langui pendant dix ans en prison, au fort Saint-
Julien, en Portugal. Parmi les novices de seconde
année, on remarquait Jean Roothaan, qui devait
plus tard gouverner la Compagnie tout entière.

Les PP. Antoine Kohlmann et Jean Desroziers,
les frères scholastiques Corneille Van Everbrock
et Jean Guillemaint étaient novices depuis peu de
mois. Le P. Joseph Coince [1] et le P. Marc Folloppe firent leur entrée au noviciat le 23 août 1805.

---

[1] Sur le P. Coince, voyez le Mémoire du P. Zacharie Le-
dergerw, publié par le P. CANAYON (*Missions des jésuites en
Russie,* pages 185-238), et le très-intéressant ouvrage de Dom
Paquelin O. S. B. : *Vie et souvenirs de madame de Cossé-Brissac,*
Paris, Société générale de librairie catholique, 1876. Il y est
beaucoup question du P. Coince.

CHAPITRE III.

Dès le début, le P. Folloppe donna un bel exemple d'humilité en demandant à être reçu en qualité de coadjuteur temporel; il ne savait pas encore que, d'après les constitutions, ce degré est incompatible avec le caractère sacerdotal.

Les supérieurs ne tardèrent pas à s'apercevoir que le P. Folloppe possédait à un haut degré les vertus auxquelles on forme les novices.

D'un autre côté, avec des dispositions telles que les siennes, il n'avait pas eu de peine à se pénétrer de l'esprit de la Compagnie.

On jugea donc à propos d'abréger le temps de son séjour au noviciat. Comme il écrivait bien en allemand et avait composé plusieurs sermons dans cette langue, on le destina d'abord aux missions allemandes en Russie; mais ce projet n'eut pas de suite, et on l'envoya au collége de Pétersbourg.

Le P. Folloppe n'hésita pas à remettre au Père qui partait à sa place les sermons qu'il avait composés en allemand.

Le collége de Pétersbourg avait été fondé en 1800, sous le règne de Paul Ier. Le P. Gruber en avait été le premier supérieur. Nous trouvons dans une lettre que le P. Billy écrivait de Moscou à la date du 6/18 mars 1804 au P. Delpuits, à Paris, quelques mots qui peuvent nous donner une idée de l'état de cet établissement à cette époque. « Le collége de Pétersbourg va très-bien ; outre les pensionnaires nobles, il y a plus de 400 externes qui fréquentent les classes où l'on apprend les langues latine, russe, française, allemande, italienne, anglaise, et le dessin, la philosophie, la physique, les mathématiques, etc. On ne conçoit pas comment ces Pères peuvent suffire à tout. Outre cela, ils desservent la paroisse, où il y a successivement, les dimanches, sermon allemand, italien et français. »

En 1806, on jugea à propos de séparer complétement le pensionnat des nobles du collége et de lui donner des professeurs particuliers. C'est au pensionnat que le P. Folloppe alla professer la qua-

2.

trième, pendant que le P. Ploquin professait la cinquième et le P. Forget la troisième. La classe de rhétorique était confiée au P. de Grivel; le P. de Rozaven cumulait la charge de préfet des études avec celle de professeur de philosophie.

On le voit, la plupart des professeurs étaient Français. Le P. Folloppe resta au collége de Pétersbourg plus de neuf ans, depuis la rentrée des classes en 1806 jusqu'à la suppression de la maison, qui eut lieu le 3 janvier 1816. Pendant tout ce temps, il a été chargé d'une classe de grammaire, presque toujours la quatrième.

Professeur et en même temps surveillant d'environ vingt-cinq enfants, qu'il n'avait pas la liberté de quitter presque un seul instant, c'était une nécessité pour lui de se lever deux heures avant les élèves, afin de s'acquitter de ses exercices de piété et de célébrer la messe. Le soir, quand il les voyait endormis, il prenait sur la nuit le temps d'achever son bréviaire. Une des choses qui coûtaient le plus à sa constitution, c'était de rester pendant tout l'hiver dans une chambre dont la température élevée était pour lui un supplice, et lui appauvrit le sang de telle sorte que tout le reste de sa vie ne fut plus qu'une longue suite de douleurs. Malgré l'état de souffrance où il se trouvait, la joie et la gaieté étaient peintes sur son visage. Il se refusait tout à lui-même et prodiguait aux autres mille petits soins. Sa charité ingénieuse lui faisait imaginer à chaque moment quelque nouveau moyen de rendre service et, quand il se gênait le plus pour obliger les autres, il s'efforçait de leur persuader qu'il cherchait lui-même ses aises. Si quelquefois le caractère des élèves ou la nature de leurs fautes le mettait dans la nécessité de recourir à des punitions un peu sévères, tout en faisant ce que sa conscience ou les ordres de ses supérieurs exigeaient de lui, il avait l'art de leur adoucir l'amertume du châtiment, au point que ces pauvres enfants ne songèrent jamais à s'en plaindre et les reçurent même souvent avec reconnaissance. C'est en prenant ainsi les moyens les plus propres à gagner leur cœur, qu'il fit le plus grand bien parmi eux. Cette douceur admirable ne nuisait en rien à la fermeté nécessaire à un bon maître. Quand il ordonnait quelque chose, il était sûr d'être obéi, attendu que, dans l'exercice de ses fonctions, il parlait toujours avec calme, avec gravité et ne disait que ce qui était absolument nécessaire. Sa vigilance était infatigable, rien n'échappait à ses regards, et, pour ne pas être obligé d'en venir souvent aux punitions, il mettait tous ses soins à prévenir les fautes. C'est ainsi qu'à la tendresse d'une mère il savait joindre une fermeté vraiment paternelle.

Ceux qui ont pu juger de la manière dont il conduisait sa classe disent qu'il s'en acquittait fort bien. Ce succès était dû à ses efforts et à son zèle, autant qu'aux qualités aimables qui, sans qu'il y pensât, lui conciliaient les cœurs. Il étudiait avec soin les caractères, et les observations qu'il fit alors pour se diriger lui-même ont plus tard été pour d'autres d'excellentes règles de conduite. A son avis, la familiarité entre les maîtres et les élèves est sujette à de grands inconvénients. Tous les hommes ont leur faible, disait-il, et les jeunes gens ont l'esprit si pénétrant qu'ils ont bientôt découvert les défauts de leurs maîtres, pour peu que ceux-ci se laissent voir de trop près. Par une conséquence de ce principe, il veillait à ce qu'il ne parût rien dans son extérieur qui pût être pris pour l'indice de quelque mouvement déréglé. Quand il se rendait en classe, il s'attachait à ne laisser voir dans ses traits ni joie, ni tristesse, sachant que les écoliers, dès qu'ils ont pu lire sur le visage du professeur la disposition où il se trouve, dressent leurs petites batteries pour tirer parti à leur avantage de sa bonne ou de sa mauvaise humeur.

Il pensait que ceux qui sont occupés de l'éducation des jeunes gens ont besoin d'une grande vigilance sur eux-mêmes pour ne pas tomber insensiblement dans la dissipation qui, à voir seulement cette jeunesse bruyante dans ses récréations et ses jeux, entre par les yeux.

On peut juger de la manière dont il se comportait à l'égard des enfants par quelques avis qu'il écrivit plus tard pour un scholastique chargé de la surveillance générale.

Parler doucement à tous, avec la même bonté, le même son de voix, le même sérieux, la même honnêteté et déférence qu'on parlerait aux supérieurs; aux enfants, avec une bonté de père, de l'amitié, de la bienveillance, sans familiarité.

Ne jamais les reprendre ni les punir dans le moment où l'on se sent agité.

Écouter toujours leurs raisons. S'ils s'expliquent avec fierté et grossièrement, le leur faire sentir par

une politesse telle qu'il aurait convenu qu'ils mon-
trassent en parlant.

Modérer la joie comme la tristesse en agissant
d'une manière opposée à ce à quoi nous portent les
dispositions de la nature.

Garder un silence exact, moyen infaillible pour
obtenir le recueillement et avoir l'œil de l'âme
attentif aux mouvements du cœur et aux touches de
l'Esprit-Saint.

Éviter les façons de parler où il y a de la bouf-
fonnerie, de la plaisanterie, de la critique, de la
suffisance, une tournure de moquerie tendant à
donner du ridicule aux autres, à les piquer ou à les
humilier.

Les jeunes gens assez heureux pour être confiés
à de si habiles mains sentaient quelque chose de
leur bonheur. Plusieurs, après l'éloignement de ce
sage guide, se rappelaient encore sa personne et
ses leçons avec une vive reconnaissance, et l'un
d'entre eux se crut obligé de lui faire parvenir tous
les ans, du fond de la Russie, l'expression de sa tendresse et de son respect.

CHAPITRE IV.

Parmi les élèves du pensionnat, il y en avait un grand nombre qui appartenaient à l'Église dominante et qui, par conséquent, n'étaient pas catholiques. Pour obtenir le droit de recevoir cette jeunesse dans leur établissement, les Pères avaient dû s'engager à s'abstenir de tout prosélytisme, et quelque pénibles que fussent ces entraves imposées à leur zèle, ils s'y soumettaient loyalement. Il y avait même des prêtres russes qui venaient dans la maison donner l'instruction religieuse à la partie russe du pensionnat.

Parmi ces élèves, on en remarquait un, âgé de seize ans, excellent sujet sous tous les rapports ; il était docile, appliqué, poli ; il avait des succès dans ses classes ; de plus, fort pieux et singulièrement attaché à la religion dans laquelle il avait été élevé, au point de vouloir y attirer ses amis.

En même temps, il témoignait beaucoup d'affection à ses maîtres et voyait avec beaucoup de peine, disait-il, des hommes aussi vertueux vivre avec sécurité dans une religion fausse. Un jour qu'il causait avec le **P.** Folloppe et lui faisait part de ses pensées à ce sujet, celui-ci lui répondit que, s'il était dans l'erreur, il l'était de bonne foi et qu'aucune considération ne pourrait l'empêcher d'embrasser la vérité si elle venait à lui être montrée. Sur ces paroles, Galitzin conçut l'espérance d'amener le **P.** Folloppe à sa croyance, et il s'occupa avec soin à recueillir en faveur de l'Église russe les plus fortes preuves qu'il put se procurer.

Le Père commença par écouter ses discours sans lui faire aucune difficulté. Puis il se mit à lui demander avec beaucoup de ménagements, et selon que l'occasion s'en présentait, quelques éclaircissements. Le jeune homme cherchait à le satisfaire de son mieux, mais il arrivait quelquefois qu'il n'était pas en état de répondre. Alors il remettait la solution de la difficulté à un autre jour, et, dans l'intervalle, il se livrait avec une nouvelle ardeur à l'étude afin de trouver une réponse satisfaisante. Les réflexions qu'il faisait n'avaient d'autre résultat que de l'embarrasser davantage et de lui démontrer la faiblesse des arguments sur lesquels il s'était appuyé. Comme ses intentions étaient droites, il finit par s'apercevoir que les objections du P. Folloppe, malgré tous les efforts qu'il avait faits pour les résoudre, n'étaient pas résolues. Il essaya de les approfondir davantage, et la vérité ne tarda pas à lui apparaître. Ce jeune homme était naturellement pieux, et, pour mener à bonne fin la conversion d'un maître qu'il estimait autant qu'il l'aimait, il joignait la prière à l'étude. Dieu l'exauça, mais autrement qu'il ne l'avait pensé; ce ne fut pas le P. Folloppe qui embrassa la croyance de l'Église russe, ce fut le jeune Galitzin qui se trouva complétement changé, et se déclara catholique. Cela se passait au mois de décembre 1814.

Quelles furent les circonstances qui le déterminèrent en dernier lieu, nous ne le savons. Voici comment la chose est racontée par le comte Joseph de Maistre : Un de ses condisciples, nommé Michaïlof, dînant en ville, entendit un des convives tenir ce discours : «Je ne suis pas trop content de toutes les religions de ce pays; la protestante vaut moins que rien, la nôtre ne vaut rien, et la catholique, qui est la meilleure, ne laisse pas d'avoir de grands défauts. »

Michaïlof rapporta ses paroles à son condisciple qui s'enflamma d'une manière extraordinaire, exalta fort sa religion et dit anathême au catholicisme. Mais le soir en se couchant, il fut saisi d'un remords, il se repentit amèrement d'avoir parlé ainsi, il veilla, il pria; enfin on ne sait ce qui se passa dans son intérieur, mais de ce moment il a tourné au catholicisme. Ce qu'il y a de bien certain, c'est qu'il s'adressa successivement à deux Jésuites français en les priant de recevoir son abjuration et sa confession. L'un et l'autre répondirent qu'il était trop jeune pour prendre une pareille résolution, et que d'ailleurs ils ne pouvaient l'entendre.

Ce jeune homme était le neveu du ministre de l'instruction publique et des cultes, prince Alexandre Galitzin, fils de son frère aîné et d'une demoiselle Tolstoï, sœur du comte Ostermann Tolstoï. Le ministre l'a fait venir chez lui, et lui a représenté le danger auquel il s'exposait, vu la loi qui défend à un Russe de changer de religion. Le jeune homme a rendu

compte de sa foi avec netteté et fermeté, et a dit
qu'il était prêt à la signer de son sang. Un autre
de ses parents, le général Koutouzof, l'a également
envoyé chercher, et lui a dit, entre autres choses,
que, pour une résolution de cette nature, il méri-
terait, suivant les lois du pays, d'être fait soldat.
A quoi Galitzin a répondu tranquillement : « Je serais
très-heureux d'être fait soldat pour cette cause,
encore plus heureux si on me faisait mourir ; mais,
quand vous me feriez brûler vif, la dernière parole
que vous entendriez de moi serait : je suis catholique. »

On le fait comparaître devant des évêques et des
prêtres qui l'interrogent et argumentent contre
lui. Il répond à tout de manière à étonner tout le
monde et à fermer la bouche à ses interlocuteurs.
Parmi eux se trouvait Philarète Drozdof, alors
récemment promu à l'épiscopat, et qui depuis
a occupé si longtemps le siége métropolitain
de Moscou. Il ne réussit pas mieux que les
autres.

On le mène chez le métropolitain Ambroise ;
après un tête-à-tête assez long, le vieux prélat, en
remettant Galitzin à celui qui l'avait accompagné,

lui dit : « Ce jeune homme est fou, il est inutile de s'en occuper. »

Le ministre, exaspéré de la conversion de son neveu, manda chez lui le général des Jésuites et commença par lui dire : « Mon Révérend Père, je vous remercie infiniment des soins que vous donnez à mon neveu. » Le P. Brzozowski, dans sa simplicité, crut que le ministre parlait sans ironie et répondit en conséquence.

Alors, le prince Alexandre Galitzin éclata et se mit à lui dire les choses les plus dures. Le Père général répondit simplement : « Mon Prince, vous outragez ma vieillesse. »

Le ministre retira son neveu du collége des Jésuites et le mit au corps des pages. Le chef de cet établissement passait très-publiquement pour athée, mais personne ne s'alarma de cela.

Du reste, on laissa le jeune homme fort tranquille, on ne lui parla de rien. Il assistait aux cérémonies de l'église russe, il écoutait l'enseignement avec décence et sans rien dire, mais il observait les jours d'abstinence catholique, et, s'il ne trouvait devant lui aucun aliment maigre, il mangeait du pain.

Plusieurs pères de famille retirèrent à cette occasion leurs enfants du collége. Les Jésuites, de leur côté, déclarèrent par écrit au ministre de l'instruction publique et des cultes que, dorénavant, ils ne recevraient plus dans leur collége que des catholiques.

L'Empereur était alors au Congrès de Vienne. Le ministre lui adressa sa relation sous l'impression de la colère, et refusa de lui envoyer le mémoire des Jésuites.

Le 7 juin 1815, le comte de Maistre écrivait que le jeune Galitzin était inébranlable. Le P. Billy dit de lui, vers le même temps : « Catholique zélé et imperturbable et ne demandant qu'à mourir pour sa religion, il vit de manière à mériter cette grâce, si cette grâce de prédestiné pouvait se mériter. Après avoir essayé vainement l'argument de l'école pour le ramener au schisme, on essaye l'argument des plaisirs; on le mène à la comédie. Jusqu'ici cet argument a échoué comme les autres. »

Malheureusement, il n'en fut pas toujours ainsi. La dissipation, les plaisirs et la comédie firent ce que les arguments des évêques russes n'avaient pas réussi à faire. Le pauvre jeune homme n'a pas persévéré [1].

Voilà donc un jeune Russe, pieux et zélé pour son Église, qui devient catholique; pour le ramener à l'*orthodoxie*, que fait-on? On le confie à un athée et on le conduit au théâtre. Il y a dans ce seul fait de quoi ouvrir les yeux aux esprits droits.

Nous lisons dans une brochure intitulée : *la Russie et les Jésuites*, par Henri Lutteroth (Paris, 1845), au sujet de la conversion du jeune Galitzin : « On se hâta de retirer l'enfant de ces mains infidèles, et on le confia aux soins de l'archevêque Philarète, aujourd'hui métropolitain de Moscou, qui résidait alors à Saint-Pétersbourg, et qui le ramena facilement au bercail de l'orthodoxie russe » (p. 56 et 57). — Voilà comme on écrit l'histoire.

M. de Lutteroth a été surpassé par l'auteur du livre intitulé : *le Catholicisme romain en Russie* [2]. Voici ce qu'il dit de cette affaire : « Sur ces entrefaites, on avait découvert que les Jésuites avaient

[1] Rien ne prouve et même rien ne fait supposer que le jeune Galitzin ait jamais été reçu dans l'Église catholique et qu'il ait participé à ses sacrements.

[2] T. II, page 202. Paris, Dentu, 1864.

converti le neveu du ministre des cultes, le jeune
mineur prince Alexandre Galitzin, ce qui fut porté
à la connaissance de l'Empereur. Les Jésuites s'ef-
frayèrent, se mirent à assurer qu'ils n'y avaient
point participé, qu'ils avaient, tout au contraire,
fait tout leur possible pour le retenir; que ce jeune
homme était devenu catholique par miracle, ayant
trouvé dans un poële un bréviaire latin qu'y avait
oublié un gouverneur jésuite. »

Il est difficile d'accumuler plus de faussetés et
d'absurdités en moins de mots. Or, ce livre a pour
auteur le comte Dimitri Tolstoy, ministre de l'instruction publique et procureur général au Synode,
et par conséquent successeur du prince Alexandre
Galitzin dans presque toutes les charges que celui-
ci remplissait il y a soixante ans; très-inférieur à
Galitzin, au point de vue de l'éducation, du tact et
des convenances, mais ne le cédant à personne dans
la haine qu'il porte à l'Église catholique et aux
Jésuites.

Alexandre Galitzin[1], qui n'avait pas de haine

---

[1] Nous devons ici prévenir une objection. La conversion du
jeune Alexandre Galitzin a été racontée par le P. Guidée, dans la
notice qu'il a consacrée au P. Rozaven (*Notices historiques sur*

contre les Jésuites, et qui leur avait toujours témoigné de la bienveillance, était entouré de francs-
maçons et d'illuminés qui étaient parvenus peu
à peu à s'emparer de son esprit et qui l'indispo-

quelques membres de la Société des Pères du Sacré-Cœur et de
la Compagnie de Jésus; Paris, Douniol, 1860, t. II, page 134).
Or, dans ce récit, le P. Guidée attribue au P. Rozaven le rôle
que nous croyons devoir attribuer au P. Folloppe. Le P. Guidée
a pu avoir des renseignements verbaux et manuscrits, dont nous
sommes loin de contester la valeur, mais enfin, il n'indique pas
ses sources. Quant à nous, voici celles auxquelles nous avons
puisé :

1° Comte Joseph de Maistre. — *Correspondance diplomatique,*
t. II, pages 57 à 62. — *Lettres et opuscules,* t. I, page 336.

2° P. de Billy. — Sa lettre est reproduite par Crétineau-
Joly : *Histoire de la Compagnie de Jésus,* t. VI, pages 13-15.
— *N. B.* Le comte de Maistre et le P. Billy ne nomment ni le
P. Folloppe ni le P. Rozaven.

3° Une notice anonyme sur le P. Folloppe, rédigée, peu de
temps après sa mort, par un Jésuite de Bordeaux qui l'avait intimement connu et qui mettait par écrit ce qu'il avait entendu
dire à celui-ci. Dans cette notice, se trouve racontée toute l'histoire de la conversion du jeune Galitzin, comme une chose à
laquelle le **P.** Folloppe avait pris la part la plus directe. On ne
peut pas admettre qu'un homme aussi humble et aussi intérieur
se soit attribué les actions et les paroles d'un autre; mais, à la
rigueur, le Père de Bordeaux peut avoir manqué de mémoire et
avoir fait quelque confusion. Le P. Folloppe peut avoir raconté
le fait comme ayant été l'occasion de l'expulsion des Pères de
Pétersbourg, et, pour une raison ou pour une autre, n'avoir pas
nommé le Père qui y avait joué le principal rôle, et son interlocuteur aura pu se persuader, soit par oubli, soit par une fausse
conjecture, qu'il avait voulu parler de lui-même. Cela n'est pas

saient contre les Pères de la Compagnie. Il commença à leur devenir hostile, et, lorsque son neveu se déclara catholique, cette hostilité ne connut plus de bornes. En attendant le retour de l'Empereur, il les surveillait avec une sévérité colérique. La situation qui leur était faite devenait chaque jour plus intolérable et l'on annonçait hautement que des mesures rigoureuses seraient prises contre eux aussitôt que l'Empereur serait revenu. Mais n'anticipons pas sur les événements.

impossible, mais ce n'est guère vraisemblable, et, en l'absence d'une preuve directe, nous croyons devoir maintenir le nom du P. Folloppe.

Remarquons cependant que le comte de Maistre dit expressément que le jeune Galitzin s'est adressé à *deux* Jésuites. On peut parfaitement admettre qu'après ses entretiens avec le P. Folloppe, le jeune homme se soit ouvert au P. Rozaven, qui était le préfet du pensionnat, et, le nom du P. Rozaven étant beaucoup plus connu et plus en vue que celui du P. Folloppe, la confusion aura pu se faire dans la tradition orale dont le P. Guidée a recueilli l'écho.

CHAPITRE V.

EXPULSION DES JÉSUITES DE SAINT-PÉTERSBOURG.

Pendant que le P. Folloppe donnait ainsi de rares exemples de vertu dans les murs du collége de Pétersbourg, de graves événements bouleversaient le monde entier. Napoléon était renversé, l'Europe prenait une face nouvelle et le Saint-Père, rentrant dans Rome, rétablissait dans l'univers entier la Compagnie de Jésus que la Providence avait conservée jusque-là en Russie, comme dans un port assuré pendant la tempête.

Mais le calme étant rétabli, il entrait dans les desseins de cette Providence adorable de faire sortir la Compagnie de Russie pour en disperser les membres dans toute l'Europe. On peut vraiment dire que l'expulsion de Russie était nécessaire pour le salut de la Compagnie.

Lorsque le Pape Pie VII rétablit la Compagnie

en 1814, il se manifesta en Italie un enthousiasme indicible. Dans aucun pays, les anciens Jésuites n'étaient aussi nombreux. Tous ces bons vieillards coururent avec un empressement extraordinaire se remettre sous la règle qu'ils avaient pratiquée dans leur jeunesse. Ils étaient prêts à tout, ils s'offraient avec joie à remplir toutes sortes de ministères et acceptaient avec bonheur le soin d'enseigner les basses classes. En même temps, les jeunes gens se présentaient en foule au noviciat. A la vue de cet enthousiasme, de cet élan extraordinaire, les supérieurs qui se trouvaient en Italie ne surent pas résister à l'entraînement général; ils acceptèrent un grand nombre de colléges, sans faire réflexion qu'ils n'avaient pour les faire marcher que des vieillards qui avaient déjà un pied dans la tombe et des jeunes gens qui sortaient à peine de l'enfance. Les graves inconvénients qui devaient résulter de cette situation anormale ne tardèrent pas à se manifester. La mort fit bientôt des vides nombreux parmi les anciens Jésuites. Pour prendre leur place, on n'avait que des jeunes gens qu'on n'avait pas eu le temps de former, quelquefois des novices qui n'avaient pas un mois de noviciat. Ce n'est pas tout :

les bons vieillards qui avaient mis tant d'empressement à reprendre la règle de Saint-Ignace, il y avait
quarante ans et plus qu'ils vivaient en dehors des
maisons de la Compagnie. La plupart d'entre eux
n'y avaient demeuré que comme jeunes scholastiques
ou même comme novices; ils n'avaient pas une
connaissance pratique de l'Institut, ils n'enten-
daient rien au gouvernement de la Société, et cependant c'étaient eux qui devaient la gouverner.

D'ailleurs, ce qu'ils avaient connu autrefois, ils
avaient eu le temps de l'oublier. De plus, ils n'é-
taient pas tous du même pays, chacun se souvenait
de quelque usage particulier de sa province, et
ces usages, en opposition avec ceux d'une autre
province, chacun les voulait voir introduits et
maintenus, comme autant de règles indispensables.
Il en résultait bien de la confusion et même des
querelles entre ces bons vieillards qui croyaient
agir par esprit de zèle. D'un autre côté, toujours
par suite de cet enthousiasme qu'on ne savait ni
contenir, ni diriger, on admettait au noviciat un
grand nombre de jeunes gens qui n'avaient pas de
véritable vocation et qui ne tardaient pas à se retirer. Par suite de tout cela, il y avait bien des ti-

raillements. On adressait de toutes parts des plaintes et des réclamations au Père général qui était en Russie et auquel il était bien difficile de savoir à quoi s'en tenir. De là des changements fréquents de supérieurs, sans en excepter les Provinciaux et le vicaire du général pour l'Italie. Le bon et doux Pie VII, soutenu par son amour invincible pour la Compagnie, ne se décourageait pas.

Il ne cessait d'écrire en Russie pour appeler le P. Brzozowski à Rome. Le Père général, de son côté, sollicitait en vain ses passeports, le gouvernement russe s'obstinait à les lui refuser.

Cinq années s'écoulèrent ainsi. Enfin le P. Brzozowski, sentant sa fin approcher, au commencement de 1820, dit aux Pères éplorés qui l'entouraient : « *Voici que je meurs, et, pour vous autres, on vous expulsera d'ici.* »

Nous avons emprunté ces détails à une note autographe du P. Roothaan, que nous avons sous les yeux. Elle se termine par ces paroles que nous voulons reproduire textuellement : « Cette expul- « sion fut, on peut bien le dire, le salut de la Com- « pagnie universelle. »

En France, la situation n'était pas la même qu'en

Italie, mais les besoins étaient aussi pressants. La Compagnie ayant été dispersée en France plusieurs années avant le bref de Clément XIV, et les maisons de noviciat ayant été fermées dès lors, les survivants étaient bien peu nombreux. En revanche, il y avait les Pères de la Société du Sacré-Cœur et les Pères de la Foi. C'étaient des hommes dans la force de l'âge, d'une grande vertu et d'une rare abnégation. Le rétablissement de la Compagnie avait toujours été l'objet de tous leurs vœux, et, depuis longtemps déjà, ils s'étaient efforcés de vivre selon les constitutions de saint Ignace. Mais ils ne les connaissaient que par les livres, et on aurait pu craindre qu'il ne se formât parmi eux un esprit particulier qui ne fût pas tout à fait celui du fondateur. En 1814, la plupart d'entre eux furent admis dans la Compagnie, et devinrent en France les pierres fondamentales du nouvel édifice.

On ne peut se dissimuler cependant qu'il leur manquait quelque chose; les traditions pratiques de l'ancienne Compagnie, violemment interrompues par la dispersion et la Révolution, ne s'étaient pas conservées en France, et il était nécessaire qu'elles y fussent apportées par les Pères qui avaient vécu en Russie où elles s'étaient maintenues. On le voit donc, l'expulsion des Jésuites de Russie n'a pas été moins providentielle que leur conservation merveilleuse dans ce pays.

Cette expulsion ne s'accomplit pas d'un seul coup. Le 3 janvier 1816, ils furent renvoyés de Pétersbourg, et, le 6 avril 1820, ils avaient ordre de sortir de l'Empire.

La conversion du jeune Galitzin et de quelques dames de la plus haute distinction fut le motif que l'on mit en avant pour justifier l'expulsion des Jésuites de Saint-Pétersbourg et la fermeture de leur collége. On ne peut disconvenir que la conversion du jeune Galitzin n'ait profondément irrité son oncle, le ministre de l'instruction publique et des cultes; néanmoins, s'il n'y avait pas eu autre chose, l'Empereur n'aurait pas écouté les suggestions de son ministre, il aurait fermé les yeux et laissé faire. Par conséquent, le fait des conversions n'a été qu'un prétexte.

Ce qui le prouve, c'est qu'il s'est écoulé une année entière entre la conversion du jeune Galitzin et l'expulsion des Jésuites. Nous avons vu plus haut qu'au mois de mai 1815, le comte de Maistre célébrait la sagesse d'Alexandre Ier.

Dès le mois de mars, il écrivait : « Beaucoup de gens s'attendaient à un coup de foudre de la part de l'Empereur. C'était bien peu le connaître. A force de le tromper, on lui a donné une défiance presque *intrompable*. Il ne fera rien brusquement, ni sans y regarder de bien près. Approché notoirement depuis son enfance par des ennemis mortels du christianisme, par d'autres ennemis mortels du catholicisme et des Jésuites en particulier, qui sont les janissaires de l'Église catholique, l'aplomb qu'il a conservé au milieu de tant d'actions qui devaient le lui faire perdre, les efforts qu'il a faits sur lui-même, son esprit de tolérance, ses sentiments religieux et son respect pour toutes les consciences, sont pour moi des traits si merveilleux qu'il me paraît impossible de l'admirer assez. — On attend sa décision qui pourra avoir des suites remarquables ». (*Correspondance diplomatique*, t. II, p. 61-62.)

Vers le même temps, il écrivait encore : « On assure aujourd'hui qu'il est arrivé une lettre de sa Majesté Impériale qui répond à celle du ministre du département des cultes, mais, si la lettre existe, le contenu n'en a pas transpiré ; quelques personnes assurent pourtant qu'il a traité l'affaire de baliverne, les esprits se sont notablement tranquillisés. » (Id. ibid). Néanmoins l'ordre d'expulsion a été donné. Quel en a été le motif véritable ?

Les Jésuites avaient en Russie, comme partout, des ennemis. Les plus acharnés étaient les illuminés. Cette secte, alors très-répandue dans le pays, et très-influente, avait pour but de créer sur les ruines de tous les cultes existants une religion universelle, qui n'admettait ni sacrements, ni dogmes bien définis, ni hiérarchie, ni autorité enseignante. Le prince Alexandre Galitzin était en apparence le chef de la secte ; en réalité, il en était le docile instrument. Par lui elle exerçait une immense influence. Il était l'ami d'enfance de l'Empereur, et avait toujours auprès de lui un facile accès ; il était procureur du Synode, ministre de l'instruction publique, ministre des cultes, directeur des postes. L'enseignement public, la librairie, la censure des livres, les correspondances et la surveillance de tous les clergés étaient entre ses mains, et, par son intermédiaire, entre les mains de la secte, dont les principaux adeptes remplissaient ses bureaux. Les loges maçonniques formaient un vaste réseau qui enlaçait la Russie tout entière, et ces loges étaient aussi entre les mains de la secte. Tout cela ne lui suffisait pas. Elle voulut avoir dans tout l'empire une organisation publique et officielle qui lui permît d'exercer partout sa propagande; elle imagina dans ce but la Société biblique, dont le prince Alexandre Galitzin était encore président; sous la pression du gouvernement, des sections de la Société biblique étaient créées dans toutes les villes, et tous les employés étaient officiellement invités à verser dans la caisse des contributions qui passaient pour volontaires. La Société biblique était une espèce d'Église laïque, sans hiérarchie, sans sacrements, sans dogmes nettement définis, mais avec des cadres qui permettaient aux sociétés secrètes d'exercer leur influence et leur action sur tous ses membres.

L'empereur Alexandre que la secte avait trouvé moyen de faire tomber dans ses piéges, et auquel elle avait dicté le traité de la Sainte-Alliance, avait pris les sociétés bibliques extrêmement à cœur. Les évêques russes s'étaient enrôlés avec empressement dans l'association, et l'archevêque catholique, Siestrzencewicz, en faisait partie avec ses chanoines. L'Empereur désirait ardemment que les Jésuites y prissent également part. Le Père général répondit qu'il ne le pouvait pas. — Comment? Votre archevêque.. —Nous ne pouvons pas en conscience. — Le Père général fut invité à donner des raisons par écrit, il rédigea un mémoire. L'Empereur en fut extrêmement mécontent. Des personnes bien disposées pour les Jésuites ne leur cachèrent pas que ce refus aurait des suites funestes. Le gouverneur de Mohilef le dit ouvertement au Père recteur du collége de cette ville. Un missionnaire bibliste, étant venu à Mohilef, y tint une réunion solennelle pour enrôler des associés. Le Père recteur refusa de faire partie de l'association. Le gouverneur lui dit alors: « Oh! mon Père, comme j'en suis fâché pour vous! cela aura des suites plus graves que vous ne sauriez vous l'imaginer. »

Les illuminés, avec Galitzin à leur tête, exploitèrent le mécontentement de l'Empereur contre les Jésuites. Ils n'y auraient peut-être pas réussi, sans une circonstance particulière. L'Empereur avait l'habitude de visiter souvent une grande dame de

Pétersbourg, polonaise et catholique. Pendant sa longue absence, les dispositions de cette dame avaient changé, et quand, après son retour, il alla lui rendre visite, il trouva la porte fermée ; il savait pourtant qu'elle y était. Il voulut savoir à quoi s'en tenir sur ce point, et il apprit que, dans l'intervalle de temps qui s'était écoulé depuis son départ, la dame s'était confessée et s'était adressée pour cela à un Jésuite. On profita de la colère de l'Empereur pour lui arracher le décret d'expulsion. Écoutons ici encore M. de Maistre : « L'ukase est parti du palais comme la foudre part de la nue ; l'empereur était en colère contre l'Ordre, chaque ligne le prouve ». (*Correspondance diplom.*, t. II. p. 156-157.)

C'est ainsi que les ennemis de la Compagnie travaillèrent, sans le savoir, à accomplir les desseins miséricordieux de la Providence divine.

Dans la nuit du 1er au 2 janvier 1816, (nouveau style), la police et la force armée firent irruption dans le collége, on s'empara de toutes les issues, puis, sans avoir interrogé un seul Père, sans même leur dire les causes de cette invasion, on les garda à vue, tandis que le ministre de l'instruction publique et des cultes, prince Alexandre Galitzin, lisait au P. Brzozowski le décret d'expulsion. La nuit suivante, on dirigea tous les Pères sur Polotzk. On avait mis les scellés sur leurs correspondances ainsi que sur leurs manuscrits ; on confisqua leurs meubles, leur bibliothèque, leur musée et leur cabinet de physique. (Voy. CRÉTINEAU-JOLY, t. VI. p. 19, 2ᵉ édition.)

Le P. Folloppe se trouva donc transporté à Polotzk comme les autres. Il y avait dix ans qu'il était dans la Compagnie. Par suite de son humilité et de son amour pour l'obscurité, il avait volontairement renoncé à subir les examens qui auraient pu lui assurer le degré de profès. Néanmoins, le Père général, prenant en considération sa rare vertu, lui ordonna de se préparer à faire la profession des trois vœux. Il essaya encore de résister, mais, lorsqu'on lui eut représenté qu'il n'était pas permis de refuser le degré assigné par le général, il prit le parti d'obéir, et, le 2 février 1816, il prononça à Polotzk ses derniers engagements.

Nous avons vu les motifs qui rendaient urgente en France la présence de quelques Pères bien pénétrés de l'esprit de la Compagnie. Le P. Brzozowski, ayant réussi à obtenir des passeports pour le P. Folloppe et le P. de Grivel, se hâta de les faire partir pour Paris. Ils se mirent en route le 20 mars (1er avril) 1816.

CHAPITRE VI.

Le P. de Clorivière, qui avait fait sa profession dans l'ancienne Compagnie, était né en 1735. Il avait soixante et dix ans lorsqu'il écrivit au P. Gruber pour le supplier de le considérer comme membre de la Compagnie. Le P. Brzozowski qui, dans l'intervalle, avait succédé au P. Gruber, acquiesça aux désirs du P. de Clorivière, mais il lui enjoignit en même temps de demeurer en France. En 1814, il le chargea de reconstituer la Compagnie en France et d'organiser la province. Ce fut lui qui reçut dans la Compagnie les Pères de la Foi et les jeunes gens qui se présentèrent à cette époque ; il créa successivement les colléges de Saint-Acheul, de Bordeaux, de Forcalquier, de Soissons, de Montmorillon, et de Sainte-Anne-d'Auray. Nous avons vu quels étaient à cette époque les éléments dont se composait la province naissante. Il fallait montrer aux Français qui étaient appelés à faire partie de la Compagnie quelques Jésuites dont on pût dire : *inspice et fac secundum exemplar ;* des hommes qui fussent, selon l'expression d'un de nos Pères généraux, *institutum moribus expressum.* Tel était le P. Folloppe, et, en le voyant arriver, le P. de Clorivière se hâta de le nommer recteur de la plus importante des maisons de la province à cette époque, celle de Saint-Acheul. Il n'est pas de tentatives que le P. Folloppe ne fît pour décliner cet emploi; tout fut inutile, et il fallut obéir; il obtint cependant de n'avoir à s'occuper que de la Communauté. Le P. Loriquet fut chargé, avec le titre de principal, *primarius,* de tout ce qui concernait les élèves, et des rapports avec le dehors. Pour le P. Folloppe, il se renferma à peu près exclusivement dans les fonctions de Père spirituel. Il aurait même désiré que le P. Loriquet en usât avec lui comme son supérieur. Il se présentait devant lui quand il devait sortir, pour en demander la permission. Cette conduite était d'autant plus méritoire qu'il y avait un grand contraste entre lui et le P. Loriquet.

Il entrait dans les desseins de Dieu sur son serviteur, de l'éprouver par les souffrances pour augmenter ses mérites et le purifier de plus en plus. Les maladies furent un des moyens que Dieu employa pour avancer l'œuvre de sa perfection. Nous avons vu que sa santé avait été gravement altérée en Allemagne. Le genre de vie qu'il avait mené à Pétersbourg l'avait fait tomber dans un état de langueur tel qu'il ne pouvait presque rien prendre de solide. Il ne laissa pas de travailler, comme s'il eût joui d'une santé parfaite, mais avec une fatigue incroyable.

A son retour en France, il n'éprouva aucun soulagement. Il semblait qu'il y eût entre ses diverses infirmités une sorte d'accord pour le tourmenter successivement sans interruption. Il avait des maux de tête presque continuels, un de ses pieds était paralysé et ne lui permettait de marcher qu'en boitant, presque toutes les parties de son corps lui causaient quelque douleur. Les âmes qui sont l'objet des préférences de Dieu doivent passer par le creuset des tribulations. Elles n'ont pas manqué au P. Folloppe, et il était ingénieux à se mortifier en toutes choses, mais les mortifications ménagées par la Providence étaient celles qu'il estimait le plus, parce qu'elles sont moins sujettes aux illusions de l'amour-propre. Pendant bien des années, selon son propre témoignage, il n'a pas été un moment sans souffrances, et on n'a jamais remarqué en lui aucun signe d'impatience ou de tristesse, ni ces inégalités d'humeur dont il est si difficile de se préserver dans les douleurs. C'était lorsque les siennes étaient plus aiguës qu'il montrait plus de gaieté, suivant la loi qu'il s'était imposée de faire le contraire de ce que demandait la nature.

Quelque difficiles à supporter qu'aient été ses infirmités continuelles pendant si longtemps, ses peines intérieures l'ont été bien davantage. Quoique la première partie de sa vie n'eût pas été exempte de ces sortes de peines, cependant les douceurs et les consolations y ont dominé; elles sont devenues plus rares dans la suite. Avec le temps, les opérations de la grâce devinrent en lui plus simples et plus spirituelles, et, la partie inférieure n'y ayant plus de part, au lieu des douceurs dont elle avait été comme enivrée, il se trouva souvent dans une privation absolue des consolations célestes. Comme, en même temps, il s'interdisait sévèrement toutes les satisfactions naturelles, il se trouvait dans un dénûment très-pénible à la nature.

En outre, il passa par plusieurs états très-crucifiants. Il eut beaucoup à souffrir des scrupules. Dans des personnes peu éclairées, d'un esprit faux et irrésolu, les scrupules sont l'effet purement naturel des dispositions de l'âme. Dans le **P. Folloppe,** c'était une épreuve à laquelle l'Esprit-Saint voulut le soumettre. Car, aux connaissances acquises par une éducation très-soignée, il joignait une grande solidité de jugement, et il avait toujours allié une grande liberté d'esprit à une rare délicatesse de conscience. On sait combien ces peines sont déchirantes, surtout quand elles viennent immédiatement de Dieu. Quel supplice en effet, pour une âme qui ne craint rien tant que de déplaire à son Dieu, de se croire à chaque instant dans la nécessité de l'offenser, quoi qu'elle fasse! Une autre épreuve, beaucoup plus terrible, fut celle des tentations contre la foi, et surtout contre la présence réelle, dont il fut assailli, malgré ses lumières peu communes en théologie. Les pensées qui avaient fait naître et qui entretenaient ses doutes et ses perplexités étaient toujours présentes à son esprit. En vain s'efforçait-il pour s'en délivrer de faire des actes de soumission à l'autorité de l'Église, le démon l'embarrassait dans mille subtilités qui donnaient à l'erreur les apparences d'une vérité presque évidente et le replongeaient dans des ténèbres plus épaisses et plus accablantes. Son tourment redoublait lorsqu'il fallait dire la sainte messe, et son directeur l'obligeait à la dire tous les jours. Les assauts étaient alors plus violents que jamais, surtout pendant et après la consécration. Quand il tenait dans ses mains la sainte hostie, il se présentait à son esprit des doutes horribles. Ce qui faisait son plus grand tourment, c'était l'incertitude où il était, s'il ne donnait pas de consentement. Ses peines allaient jusqu'à le jeter dans un affreux désespoir, dont une instigation secrète le portait à se délivrer, et l'esprit de ténèbres lui suggérait la cruelle ressource d'une mort volontaire. En se rappelant ces horribles angoisses, plusieurs années après qu'elles eurent cessé, il disait qu'il n'était pas étonné qu'il y eût des suicides ; que, dans l'état où il avait été plongé, il ne concevait pas comment on pourrait supporter la vie, si on n'était pas retenu par une force secrète, dont toutefois on n'a pas le sentiment, en sorte qu'on ne se voit soutenu au-dessus de l'abîme que par un fil. Il serait difficile de concevoir tout ce qu'il a souffert pendant le temps que ces tentations ont duré. Il est à remarquer que, tandis que son intérieur était le plus violemment agité par cette tempête, il s'acquittait de toutes ses fonctions avec une grande exactitude, et, dans ses rapports avec le prochain, il mettait la douceur qui lui était familière.

C'est ici le lieu de parler d'inquiétudes qu'il eut au sujet de sa vocation. Déjà pendant son séjour en Russie, il avait ouvert son cœur au P. Hochbichler sans aucune réserve; il lui avait raconté, entre autres choses, le désir qu'il avait eu d'entrer chez les Chartreux, comment il en avait été détourné par son confesseur, et comment ensuite il s'était trouvé dans l'impossibilité d'accomplir son premier dessein, lorsque la Révolution avait détruit les maisons des disciples de saint Bruno. Le P. Hochbichler, qui était un homme fort intérieur et fort expérimenté, lui dit qu'en effet il croyait que sa première vocation à la Chartreuse venait de Dieu, mais qu'il ne devait concevoir aucune inquiétude au sujet de sa stabilité dans la Compagnie, puisque, d'un côté, sa vocation à l'état religieux n'était pas douteuse, et que, de l'autre, il était dans l'impossibilité de se faire Chartreux. Cette décision avait calmé les inquiétudes du P. Folloppe, mais, à son retour en France, lorsqu'il vit la Chartreuse de Grenoble rétablie, il se demanda si Dieu ne demandait pas de lui qu'il s'y rendît. Ce qui le confirmait dans cette pensée, c'est que son extrême humilité faisait qu'il se considérait dans la Compagnie comme un membre inutile, à charge à la communauté, et incapable de rendre aucun service. Il écrivit donc au Père général pour lui demander l'autorisation d'aller finir ses jours à la Chartreuse. Nous n'avons pas la réponse du P. Brzozowski, mais il est certain que cette autorisation ne lui fut pas accordée, puisqu'il est mort dans la Compagnie.

Cet exemple peut donner une idée des tentations qui tourmentaient le P. Folloppe. Elles n'en étaient pas moins cruelles pour lui, à cause de la crainte dont il était pénétré de ne pas remplir la volonté de Dieu. Il avait alors recours à l'obéissance, et il y trouvait la fin de ses perplexités.

Cependant le grand âge et les infirmités du P. de Clorivière ne lui permettaient plus de gouverner la province. L'ami du P. Folloppe, le P. de Grivel avait été envoyé en Angleterre par le Père général en qualité de visiteur. Lorsqu'il eut terminé cette visite, il revint en France, ramenant avec lui le P. Simpson, auquel le Père général confia le gouvernement de la province de France, et qui garda auprès de lui le P. de Grivel, en qualité de *Socius*.

Ce changement eut lieu le 23 janvier 1818. Le P. Simpson, qui avait puisé en Angleterre les traditions de l'ancienne Compagnie, et que l'on peut considérer comme le véritable fondateur de la nouvelle province de France, eût bien voulu maintenir le P. Folloppe à Saint-Acheul, mais voyant que ses souffrances augmentaient, et croyant que l'air du Midi serait plus favorable à sa santé que celui de la Picardie, il consentit enfin à lui donner un successeur, et, au mois de janvier 1819, il le fit partir pour Bordeaux.

CHAPITRE VII.

LES FIDÈLES COMPAGNES DE JÉSUS.

Dans le cours des siècles, la France s'était couverte de fondations et d'établissements créés par le zèle et la charité dont étaient animés les rois, le clergé, les particuliers et le public. Au dix-septième siècle revient l'honneur d'avoir donné naissance à un grand nombre d'œuvres chrétiennes, de pieuses associations et de communautés nouvelles consacrées à l'éducation de l'enfance, au soulagement des malades et de toutes les misères, ainsi qu'à la prière. La Révolution avait détruit tout cela et avait couvert le sol de ruines. Les plus mauvais jours avaient à peine passé, qu'un grand nombre d'âmes chrétiennes se mettaient à l'œuvre pour réparer le mal et relever les murs renversés du temple, dans la faible proportion de leurs forces.

Après la Restauration, la paix et la tranquillité dont on jouissait donnèrent une impulsion nouvelle à ces efforts; mais, il faut bien le remarquer, parmi les créations de cet ordre, Dieu ne bénit que celles qui ont été l'œuvre d'âmes qu'il a choisies et prédestinées à ces fondations, et cette bénédiction est ordinairement accompagnée de contrariétés et de tribulations, qui servent à purifier et à perfectionner les instruments que Notre-Seigneur veut employer, et qui ont en outre l'avantage d'éprouver et de consolider les fondements des établissements nouveaux.

Ce double caractère s'est retrouvé dans les origines des Fidèles Compagnes de Jésus, qui ont eu pour fondatrice une pieuse veuve, madame Marie-Madeleine-Victoire Bengy de Bonnault d'Houet, la tante du P. Anatole de Bengy qui, le 26 mai 1871, tombait sous les coups des suppôts de la Commune de Paris.

Elle s'était placée sous la direction du P. Varin, qui ne pouvait douter de sa vocation à la vie religieuse, mais qui était lui-même fort préoccupé de la fondation d'une autre communauté, celle des Dames du Sacré-Cœur. Tantôt il encourageait les desseins de madame de Bonnault d'Houet, et tantôt il les arrêtait, pensant qu'elle devait renoncer à ses projets de fondation et entrer de sa personne dans la communauté naissante du Sacré-Cœur.

Pendant que duraient encore ces doutes et ces perplexités, cette femme de bien résida assez long-temps dans la ville d'Amiens. Le P. Varin lui avait recommandé de se laisser guider par les conseils du P. Folloppe, et de lui communiquer ses projets. (*Vie du P. Varin*, par le P. Guidée, p. 212 et 213, note.) Le P. Folloppe prit le plus vif intérêt à cette affaire, il eut avec la pieuse veuve des entretiens fréquents et prolongés à ce sujet; plus tard, il lui écrivit plusieurs fois, comme on peut le voir dans la Vie de madame de Bonnault d'Houet, et, au témoignage de son historien, le P. Folloppe est le seul Jésuite qui n'ait jamais varié dans l'approbation qu'il avait donnée au projet de fondation.

L'expérience que le P. Folloppe avait de la vie intérieure et des voies de Dieu lui permettait de guider sûrement cette âme livrée aux plus cruelles perplexités. D'un côté, elle croyait reconnaître la volonté divine qui l'appelait à créer une œuvre des-tinée à sauver et à sanctifier un très-grand nombre d'âmes; de l'autre, effrayée par le sentiment de sa propre faiblesse et par les obstacles qu'elle voyait se dresser de tous côtés, elle craignait d'être le jouet d'une illusion et ne savait à quoi se résoudre ; mais le P. Folloppe ne lui permettait pas de se laisser aller au découragement et la pressait d'accomplir ce que Dieu exigeait d'elle.

Comme nous l'avons dit, madame d'Houet avait été mise en rapport avec le P. Folloppe par le P. Varin, son directeur.

Mais laissons la parole à madame d'Houet ; voici comment elle s'exprime dans un Mémoire historique sur les origines de la Société [1] : « Le P. Varin me dit : Maintenant je crois que le bon Dieu veut réellement quelque chose ; allez à Amiens, parlez-en avec les PP. Folloppe et Sellier ; ils m'en écriront et nous déciderons ensuite ce qu'il faut commencer. Les deux saints Pères prièrent et firent beaucoup prier ; ils en écrivirent ensuite au P. Varin, et voici sa réponse à peu près : Nous voici tous réunis dans un même avis, c'est que le bon Dieu veut quelque chose ; je crois qu'il faut commencer en petit, afin

____

[1] Nous devons la communication de ces extraits à la parfaite obligeance du R. P. Apollinaire de Valence, Capucin, et nous saisissons l'occasion de lui en témoigner ici publiquement notr reconnaissance.

de mieux connaître ce qu'il veut. Il ajoutait qu'il fallait louer une petite maison où j'entrerais avec une jeune personne qui s'offrait pour y venir avec moi.

« Le P. Sellier et le P. Folloppe m'apportèrent cette lettre qui me causa un grand étonnement. Je leur dis que je ne pouvais pas comprendre que Dieu voulût réellement se servir de moi pour une œuvre semblable. Ces deux Pères m'ayant assuré qu'ils le croyaient cependant, je leur dis : Si cela est vrai, il faudra donc qu'il m'aide beaucoup ou plutôt qu'il fasse tout lui-même. Le P. Sellier leva les yeux au ciel et les y tint attachés longtemps; il les rabaissa ensuite et me dit : Oui, il le fera, mais non pas de la manière que vous l'entendez; c'est par la Croix, l'abandon et les humiliations qu'il y parviendra. Acceptez-vous ces moyens dont il se servira pour vous le faire exécuter? — Je fus un moment interdite, mais je repris ensuite : Oui, mon Père, j'accepte cette voie; je ne refuse pas plus ces moyens que les autres et tout ce que Dieu choisira pour nous. — Il ajouta : Eh bien! puisque vous les acceptez, tout est fini et la chose aura lieu comme je vous dis. »

Cela se passait au mois de janvier 1818. Mais bientôt madame d'Houet tomba dangereusement malade. Voici comment elle raconte cette maladie : « En deux jours, je fus à l'extrémité. Le P. Sellier arriva ; je vis bien qu'il me trouva très-mal ; il envoya chercher un médecin. Lorsqu'il fut arrivé, je l'entendis qui dit au P. Sellier : On m'a appelé trop tard, il n'est plus temps. Le lendemain, j'étais plus mal encore ; le médecin décida que je ne passerais pas la nuit ; j'entendis qu'il le disait aux Sœurs. Le P. Sellier m'administra et me prépara à la mort ; il m'apprit tout ce que je devais faire et dire dans ce dernier moment. Ensuite, il ajouta : Je dois vous dire franchement ce que je pense, vous ne mourrez pas de cette maladie ; vous savez bien que le bon Dieu a d'autres desseins et qu'il faut qu'ils s'accomplissent. — Je fus, je crois, aussi près de la mort qu'il est possible sans mourir. A minuit, je me trouvai un peu mieux, et le lendemain le médecin décida que j'en reviendrais. »

« Je fus longtemps sans sortir parce qu'il faisait un grand froid. Le P. Folloppe venait me voir souvent et me faisait de très-longues visites ; il me parlait toujours de Dieu et de tout ce que j'avais à faire pour moi-même et pour ce que Dieu demandait de moi. Un jour, il m'apporta les règles et le sommaire des constitutions des Jésuites. Il me dit : Je suis si sûr que le bon Dieu veut que vous embrassiez cette règle, que je vous l'apporte, quoique la chose me soit généralement défendue; copiez-la et n'en parlez pas, vous la trouverez lorsqu'il sera nécessaire. »

En agissant ainsi, le **P.** Folloppe ne manquait nullement à la règle; le pieux recteur de Saint-Acheul ne faisait qu'user des pouvoirs que lui donnait sa charge.

Madame d'Houet rencontra encore une foule d'obstacles sur sa route; elle fut obligée de s'en aller en Berri, d'où elle revint à Paris en octobre 1818. « C'est là surtout, dit-elle, l'époque où Dieu sembla me charger d'une plus grande croix que par le passé, par les épreuves de toute espèce où le **P.** Varin, plusieurs autres et le bon Dieu lui-même me mirent jusqu'au moment où il me fut permis de commencer tout à fait... Le **P.** Folloppe, qui avait quitté Amiens, m'écrivit aussi pour me consoler et m'assurer que la chose arriverait, mais tout cela me servit de peu; je laissai la lettre du **P.** Folloppe sans réponse. »

Néanmoins l'œuvre de Dieu s'accomplit au milieu des contrariétés et des difficultés; avant de mourir, madame d'Houet eut la consolation de voir la Société des Fidèles compagnes de Jésus solidement établie. La Société a surtout fait de rapides progrès en Angleterre, et à l'heure qu'il est une nombreuse jeunesse reçoit une éducation chrétienne dans les maisons de France, d'Angleterre et d'autres pays encore.

Le P. Folloppe ne s'est pas trompé en ne cessant d'encourager et d'appuyer la fondation d'une communauté religieuse qui rend d'éminents services à l'Église.

CHAPITRE VIII.

A l'arrivée du P. Folloppe à Bordeaux, on s'empressa d'appeler auprès de lui un médecin aussi distingué par sa science et ses talents que par sa piété. Mais son expérience et son habileté ne tardèrent pas à le convaincre de l'inutilité de ses efforts. Les infirmités du P. Folloppe étaient si variées et si compliquées qu'on ne parvenait à soulager les unes qu'en aggravant les autres, et on ne put le garantir d'une maladie douloureuse qui le retint longtemps au lit. Les soins attentifs du pieux docteur réussirent à le ramener à la vie, mais ne lui rendirent pas la santé. Une saison aux eaux de Bagnères ne produisit pas un meilleur effet.

Successivement ministre, père spirituel de la communauté et des élèves, et préfet d'infirmerie, ses relations plus fréquentes avec le prochain devaient nécessairement le rendre cher à plus de personnes, car le connaître et l'aimer n'était qu'une même chose.

Les élèves ne furent pas longtemps à découvrir dans leur guide quelques-uns de ces traits qui caractérisent la vertu. Ils remarquèrent que ce bon vieillard, malgré ses infirmités, ne prenait que le temps exactement nécessaire pour le saint sacrifice, et cela, dans la crainte de leur inspirer du dégoût pour les exercices religieux, s'il les avait fait durer plus que ne le demandaient la décence et le respect. Ils observaient encore que ces attentions charitables que le Père avait pour tous se multipliaient et se diversifiaient à l'infini dans ses rapports avec chacun d'eux. Le soin pour les malades, l'exactitude à se rendre au tribunal de la pénitence aux heures les plus commodes à ceux dont il avait la confiance, l'enjouement dans la conversation, la promptitude à obliger, tout cela lui était comme naturel. Un cœur aussi bien fait ne pouvait manquer d'être ennemi des paroles qui blessent le prochain. Il s'expliquait avec esprit au sujet des bons mots contraires à la charité. Quand les gens riches, disait-il, veulent divertir leurs amis, c'est sur leur propre bourse qu'ils prennent de quoi fournir aux frais. De même, il n'est pas généreux d'égayer l'entretien aux dépens d'autrui, et le moyen d'amuser noblement son monde, c'est de laisser voir quelque chose de ses propres travers ; l'humilité y gagne, et la charité est sauvée.

Le P. Folloppe se réglait sans cesse sur ce principe. Sa conversation n'avait tant de charme que parce qu'elle n'offensait jamais personne et qu'elle ne laissait pas d'être fort gaie. Attentif jusqu'au scrupule à taire tout ce qui aurait pu lui concilier l'estime, ramenant d'une manière adroite les vérités du salut à l'occasion des choses les plus indifférentes, il savait aussi placer à propos un badinage innocent. Au lieu d'entretenir tristement les autres de ses souffrances continuelles, ses infirmités mêmes, si on peut le dire, contribuaient au divertissement commun. Tantôt il plaisantait sur l'irrégularité de sa démarche, tantôt il appelait l'attention sur la petitesse de sa taille, et tout cela avec un naturel, une aisance qui donnaient du prix à ses moindres paroles.

La fidélité aux règles de la modestie est compatible avec le plus mauvais état de santé. Aussi le Père ne négligeait pas cette manière de se mortifier ;

disons mieux et ajoutons pour l'honneur de la vérité que toute sa personne présentait trait pour trait l'image tracée par saint Ignace d'un religieux parfaitement modeste. Il profitait avec soin de toutes les occasions de souffrir que nous présentent si fréquemment l'intempérie des saisons, les rapports avec le prochain, et tant d'autres choses contre lesquelles les personnes moins mortifiées luttent presque sans cesse, souvent sans s'en apercevoir, et par l'instinct de la nature. Mais le genre de mortification qu'il avait le plus à cœur était une vigilance continuelle à éviter tout ce qui aurait pu, contre son intention, causer quelque peine ou quelque déplaisir aux autres.

Dans tous ses rapports avec le prochain, il cherchait les moyens de lui être utile. C'est ce qu'ont observé tous ceux qui l'ont connu plus particulièrement, quelque soin qu'il prît de cacher son zèle et par humilité et pour en mieux assurer le succès.

Ses exemples rendaient encore plus efficaces les moyens qu'il employait pour procurer l'avancement des âmes. En faisant tout ce qu'il fallait pour édifier, il ne se proposait cependant pas d'édifier par sa conduite, mais bien d'éviter tout ce qui aurait pu le moins du monde mal édifier, et il arrivait par là au même but par une autre voie aussi sûre et plus conforme à son humilité.

Tant de zèle ne pouvait être infructueux. Aussi, il n'était pas longtemps dans une maison sans qu'on y remarquât un changement sensible. C'est ce que plusieurs personnes ont observé dans les deux colléges où il a demeuré en France, Saint-Acheul et Bordeaux.

Il y a des personnes vertueuses qui ont le caractère roide et austère. L'estime qu'elles ont pour la mortification fait qu'elles craignent peu d'en fournir matière aux personnes de leur intimité et de les traiter comme elles se traitent elles-mêmes. A ces personnes, il rappelait la pratique des saints, indulgents pour tous et sévères pour eux seuls. Un jour que sa charge l'avait obligé de reprendre un frère coadjuteur coupable de négligence dans l'exercice de son emploi pour le service de la communauté, celui-ci crut se bien justifier en disant : — Mon Père, il faut se mortifier. —Oui, répliqua-t-il, il faut se mortifier, mais il ne faut pas mortifier les autres.

Il prémunissait par ses avis ceux qu'il dirigeait contre la maxime : Charité bien ordonnée commence par soi-même, dont on abuse souvent pour gêner et incommoder le prochain. Il voulait, tout au contraire, qu'on se gênât soi-même, pour ne pas gêner les personnes avec lesquelles on vit.

Il voulait qu'on supposât et qu'on crût parfaits ceux qui nous entourent, et qu'on agît avec eux comme s'ils étaient fort imparfaits. Il pratiquait fidèlement le conseil de l'Apôtre, d'entrer dans les sentiments du prochain, et il le faisait, non par une basse flatterie dont il était incapable, mais par esprit de charité, et parce qu'il était persuadé que ce n'est pas en heurtant de front les sentiments et les goûts des gens avec qui l'on traite, qu'on peut les redresser. Après avoir paru entrer dans le sentiment de ses interlocuteurs, sans toutefois blesser la vérité, il ajoutait, par manière d'explication, ce qu'il croyait plus utile ou plus vrai, de sorte qu'à la fin on se trouvait presque sans s'en apercevoir d'un sentiment opposé à celui qu'on avait d'abord. C'était surtout en traitant avec les supérieurs qu'il se faisait une loi de ces ménagements. Si c'était en présence de témoins qu'un supérieur, après avoir dit son avis, lui demandait le sien et qu'il fût d'une opinion trop opposée pour pouvoir la proposer de la manière que nous avons dite, plutôt que de contredire un supérieur devant d'autres et de rien faire qui fût de nature à diminuer son autorité, et à affaiblir l'estime des inférieurs, il se contentait d'une réponse vague dans le sens du supérieur et revenait ensuite le trouver en particulier pour s'expliquer avec plus de liberté. Son expérience lui avait prouvé l'utilité de ces égards respectueux pour l'autorité. Il n'approuvait pas cette roideur qu'on décore du nom de franchise et d'amour de la vérité, et qui souvent est trop peu réservée et trop peu respectueuse. Il ajoutait que c'était d'ailleurs se mettre hors d'état d'être utile dans la suite.

En lui, le détachement des créatures ne venait pas d'un caractère austère ou sauvage. Il avait un cœur excellent, tendre et aimant. Il réunissait deux choses qui semblent opposées. D'un côté, toutes ses affections, tous les sentiments de son cœur étaient pour Dieu, et son détachement de tout autre objet était tel que tout le reste semblait n'être rien pour lui. D'un autre côté, il ne se peut rien dans l'amitié de plus tendre, de plus affectueux que ses sentiments pour ceux avec qui il était lié. On s'en apercevait aisément à l'occasion. Le P. de Grivel, avec qui il avait passé de longues années au collége de Pétersbourg et avec qui il était fort lié, étant arrivé au collége de Bordeaux lorsqu'on était déjà couché, voulut l'aller voir au lit. La vue de son ami lui fit éprouver une émotion si forte qu'il ne put reposer le reste de la nuit.

Il avait pour ceux qui étaient dans la peine une tendre compassion qui ne se bornait pas à des sentiments. Il ne se donnait pas de repos qu'il n'eût fait tout ce qui était en son pouvoir pour les consoler et les soulager. Si quelque chose eût pu lui faire oublier sa douceur, cela aurait été de voir dans quelqu'un de l'insensibilité pour les affligés.

Il avait peine à comprendre comment on pouvait ne pas ressentir et soulager les peines et les afflictions des autres.

Il recommandait d'éviter dans la conversation les exagérations et un ton affirmatif et tranchant, qui, quand il ne viendrait pas de suffisance, nuit cependant en bien des manières.

Quand on avait affaire à lui, on le trouvait toujours prêt à recevoir, comme s'il n'eût eu aucune autre occupation. Il disait qu'il valait mieux attendre un quart d'heure que de faire attendre une minute.

Il parlait toujours avec un grand respect du supérieur et de tout ce qui avait rapport à sa personne et à son gouvernement. Ceux qui ont eu le plus de part à sa confiance et à sa familiarité n'ont jamais rien entendu de sa bouche qui fût le moins du monde opposé à tout ce que demande la perfection de l'obéissance de la volonté et du jugement. Il cherchait à inspirer aux autres les mêmes sentiments.

A Bordeaux, à la suite de nouvelles dispositions, on avait été obligé de transporter le réfectoire des élèves dans une salle plus éloignée de la cuisine, et où le service devait être plus pénible. Le Frère réfectorier, l'ayant rencontré, lui parla de cette nouvelle disposition qui lui déplaisait beaucoup; il exposa longuement et exagéra les inconvénients qu'il y trouvait. Le Père parut partager sa manière de voir et renchérir encore sur ce que celui-ci lui avait dit. Puis, après un moment de silence, comme s'il se fût présenté une réflexion nouvelle à son esprit :

—Mais, dit-il, qui est-ce qui a fait cela, mon frère?

— C'est le Supérieur; et quel autre aurait pu ordonner ce changement ?

— Ah! c'est le Supérieur, reprend-il; c'est fort bien, il ne se pouvait rien de mieux.

Il ne voit plus que des avantages dans la mesure ordonnée. Le bon Frère comprit la leçon qu'on lui donnait, et il ne l'a pas oubliée.

Son départ de Bordeaux pour Laval, qui amena sa mort, fut un acte très-parfait d'obéissance. Quoique le Provincial, c'était alors le P. Richardot, n'eût rien mandé de bien formel, celui à qui il s'adressait était trop habile à deviner aux moindres signes la volonté du ciel. Aussitôt la lettre reçue, son départ fut arrêté. Ce n'était pas que tout le monde jugeât comme lui. Une personne à qui il fit part de ce qu'on lui écrivait ne comprenait pas qu'il vît un ordre dans ce qu'un autre aurait regardé comme un conseil. Cette observation ne fit pas plaisir au Père : « Croyez-vous donc, reprit-il avec vivacité, qu'on nous commande comme aux gens qui obéissent de force? »

Si la fatigue du voyage n'a pas avancé le terme des jours du P. Folloppe, sa mortification et sa charité ont été les seules causes d'une fin aussi précieuse devant Dieu.

Le Père partit au mois de **mai 1822,** dans une

voiture bien suspendue , accompagné de quatre trappistes, dont trois étaient avec lui dans l'inté- rieur, et le quatrième en dehors, à côté du cocher. Ils eurent beaucoup à souffrir de la chaleur pendant huit jours de marche.

Toujours plus occupé des autres que de lui- même, le P. Folloppe, voyant un des trappistes saisi d'un frisson de fièvre et oubliant que son gilet de laine lui était nécessaire, s'en dépouilla pour en revêtir son compagnon de voyage. Cet acte de cha- rité le laissa exposé à un refroidissement qui lui fut d'autant plus préjudiciable qu'il avait ressenti une chaleur plus intense. Cette indisposition était déjà considérable lorsque les voyageurs s'arrêtèrent à l'abbaye de la Meilleraie pour y passer la fête de l'Ascension, qui tombait cette année le 16 mai.

On ne put faire accepter au P. Folloppe une nourriture moins indigeste que celle des trappistes. Les aliments grossiers dont il voulut se contenter ne purent être digérés par des organes depuis long- temps malades et fatigués par un voyage aussi pénible.

Venant à la suite d'une indisposition déjà grave, cet acte de charité lui coûta la vie. Il était très-souffrant lorsqu'il quitta l'abbaye le vendredi 17 au matin. Le samedi 18, à midi et demi, on arriva à Laval. Malgré ses souffrances, le Père voulut que la voiture conduisît d'abord les trappistes au monastère de Sainte-Catherine, de sorte qu'il n'arriva à la maison de Saint-Michel qu'à deux heures et demie. Ses traits étaient violemment crispés, son visage, injecté de sang, exprimait une profonde angoisse. Il fut obligé de se mettre au lit en arrivant; la fièvre était violente et les douleurs très-aiguës. Le lendemain, le médecin le trouva dans l'état le plus fâcheux. La fatigue de la route et la chaleur de la saison avaient déterminé une inflammation du foie et d'un grand nombre de tubercules dont il fut facile de constater l'existence très-ancienne déjà. Tranquille sous le poids de la croix que Dieu lui avait départie, le P. Folloppe supporta pendant neuf jours et demi de vives souffrances sans laisser échapper ni plaintes, ni impatiences. Soumis au médecin, il recevait sans empressement comme sans répugnance les remèdes. Quand le médecin le questionnait sur ce qu'il éprouvait, il répondait à peine et lui serrait la main, comme pour le prier de ne pas le détourner des pensées qui l'occupaient et ne pas ramener aux choses de la terre son esprit absorbé par celles du ciel. En arrivant à Laval, il avait eu la consolation d'y retrouver son ancien ami de Munster, son compagnon au noviciat de Dunabourg, le P. Coince, qui, après avoir été longtemps l'apôtre de Riga, était devenu l'apôtre de Laval. Mais le mal suivait son cours. Le 27 mai, le P. Folloppe était plus calme, les douleurs avaient diminué avec les forces; il passa la soirée sans agitation, et le 28, à une heure du matin, il expira doucement. Ses derniers moments ressemblèrent au reste de sa vie. A voir l'égalité d'âme et la joie qui ne le quittèrent pas, on comprit sans peine qu'il était du nombre de ceux qui, selon la pensée d'un ancien, *prævidentes quid in morte boni sit, cum voluptate moriuntur.*

CHAPITRE IX.

VERTUS.

Après avoir essayé de raconter la vie du P. Folloppe, nous devons nous arrêter quelque temps à retracer l'image de ses vertus. C'est aux âmes comme la sienne qu'on peut appliquer ces paroles du Saint-Esprit : « La beauté de la fille du roi est tout intérieure. » La rare humilité du P. Folloppe a réussi à nous dérober la connaissance de la plupart des merveilles que nous aurions ainsi à contempler en lui; néanmoins la haute idée qu'on avait de sa sainteté dans la compagnie a engagé les supérieurs à demander à ceux qui l'avaient le mieux connu à mettre par écrit ce qu'ils avaient pu remarquer en lui.

C'est à ces notes, rédigées par des témoins de sa vie, que nous demanderons les matériaux de notre travail.

Nous ne ferons le plus souvent que transcrire ces

mémoires, écrits presque immédiatement après la mort du P. Folloppe, en nous bornant à les coordonner entre eux.

Il paraît certain que le P. Folloppe n'a point perdu l'innocence baptismale. On le conclut de plusieurs entretiens qui ne laissent pas lieu au doute. D'ailleurs on sait que ses heureuses dispositions pour la vertu ont été cultivées avec soin par une mère d'une piété peu commune; que Dieu, qui l'appelait à une haute sainteté, a permis que sa jeunesse se soit passée dans une ignorance à peine croyable de tout ce qui aurait pu servir d'écueil à son innocence; qu'à quinze ans, il avait déjà fait de tels progrès dans la vertu et dans la vie intérieure, qu'il faisait ses délices de la lecture des œuvres du P. Guilloré; en un mot, qu'il a vécu avec une piété angélique jusqu'à son entrée au séminaire. Du reste, quand il se disait redevable en partie à sa timidité d'avoir été préservé du péché dans sa jeunesse, c'était s'expliquer autant que son humilité le lui permettait. Pour le reste de sa vie, tout ce qui nous en a été rapporté ne permet pas de douter qu'il ait conservé jusqu'à sa mort la grâce du baptême.

Il ne nous est pas possible d'avoir des renseigne-

ments un peu complets sur les faveurs singulières
que le P. Folloppe a reçues de Dieu. Nous savons
seulement que dans sa jeunesse les consolations
étaient plus abondantes qu'à la fin de sa vie. Pendant assez longtemps, il a eu un vif sentiment de la
présence de Dieu, dont la majesté l'accablait comme
un poids immense. Cette impression de religieux
effroi devenait plus vive quand il entrait à l'église.
Non-seulement elle pénétrait son âme jusqu'à lui
ôter tout autre sentiment, mais elle passait jusqu'au
corps et y produisait un tremblement sensible. Il
regarda depuis ces impressions comme une grande
grâce. S'entretenant un jour d'un jeune homme
d'une piété extraordinaire qui paraissait les éprouver : Il reçoit, dit-il, de grandes grâces, je le sais
par expérience.

L'habitude du bien contractée dès sa plus tendre
jeunesse lui en avait rendu la pratique comme naturelle et si aisée qu'elle ne paraissait lui coûter aucun
effort. Les passions et les inclinations au mal étaient
affaiblies en lui à un tel point que, dans les der-
nières années de sa vie, il n'en éprouvait pas même
les premiers mouvements. Comme il n'ignorait pas
que les répugnances de la nature donnent occasion

et matière aux actes de vertu et aux mérites, il se persuadait presque que ses actions en étaient dépourvues. Un de ses confrères, surpris de voir l'habitude de la vertu devenue en lui comme une seconde nature, lui faisant quelque observation à ce sujet, il répondit que ce qu'on remarquait n'était pas vertu chez lui, qu'il n'avait en cela aucun mérite, que c'était l'effet du naturel. Son humilité le lui faisait croire et effaçait à ses yeux la perfection qu'on voyait briller en lui. Il était aussi insensible aux louanges qu'on lui donnait, que s'il eût été question d'un étranger; il savait par quelque bon mot déconcerter celui qui lui parlait ou faire perdre aux éloges le sérieux sans lequel ce ne sont plus des louanges, en y mêlant lui-même des exagérations qui leur donnaient un air de ridicule.

Il n'avait que de bas sentiments de lui-même. Ce n'est pas qu'il méconnût les faveurs signalées qu'il avait reçues de Dieu, mais il était bien éloigné de s'en estimer davantage. Il ne croyait même pas que ces sortes de grâces pussent être une occasion de vanité.

Une erreur assez singulière de son humilité était de s'imaginer que son extérieur et ses manières devaient rebuter ceux qui avaient à traiter avec lui, et, pour me servir de son expression, qu'il leur faisait peur. Il disait de lui-même qu'il avait l'air d'un ours mal léché. Il demandait si sa vue ne rebutait pas les élèves. Cependant sa figure et son air n'avaient absolument rien de désagréable. Il était seul à ne pas s'apercevoir du plaisir que tout le monde trouvait dans son commerce. Quoiqu'il fût doué d'une rare prudence, sa défiance de lui-même n'était pas moins grande. Il aimait à consulter, non pour trouver des approbateurs d'une détermination arrêtée, comme il arrive souvent, mais pour déférer aux avis qu'on lui donnait, avec une simplicité d'enfant.

S'il renonçait facilement à ses lumières dans sa propre conduite et pour des affaires importantes, il n'avait garde d'y paraître attaché dans les conversations et de montrer cet esprit de contradiction qui vient le plus souvent de trop d'estime de soi-même. On ne l'a jamais vu tomber dans ces défauts qui ont leur source dans l'amour-propre et qui sont si fréquents dans le commerce avec le prochain. Il faut moins l'attribuer à son attention à veiller sur lui-même qu'au respect intérieur qu'il avait pour les autres, les plaçant dans son esprit beaucoup au-dessus de lui. De là ces égards, cette prévenance, ces marques d'honneur, ces paroles obligeantes qui n'étaient que l'expression de ses sentiments. Il voulait prendre en tout la dernière place, disant avec le ton de la sincérité que ce n'était pas humilité, mais justice. Il avait pour les emplois honorables et qui donnent de l'autorité un éloignement dont il ne pouvait se défendre. Il n'éprouvait de satisfaction que dans l'état de soumission et de dépendance.

L'obéissance, qui lui était si chère, lui rendait facile et agréable tout ce qu'on lui ordonnait, surtout s'il y avait à pratiquer la charité et l'humilité. Il avait un amour et une vénération singulière pour ses supérieurs, en qui il voyait la personne de Jésus-Christ. Comme on faisait devant lui l'éloge de l'un d'entre eux qu'il estimait beaucoup : Pour moi, dit-il, dès que quelqu'un a autorité sur moi, ses qualités et son mérite personnel disparaissent à mes yeux pour ne plus me laisser apercevoir en lui que Jésus-Christ. Tel était en lui le principe de cette exactitude à exécuter les ordres des supérieurs sans délai, de cette conformité de sa volonté avec la leur, de cet abandon plein d'une confiance filiale entre leurs mains, de cette soumission entière de son jugement à leurs décisions, de cet empressement à se porter à tout ce qui pouvait leur faire plaisir et à prévenir leurs désirs.

L'obéissance dans ce degré suppose l'abnégation, le renoncement à soi-même et la mortification surtout intérieure. Les changements d'emplois, les déplacements n'étaient pour lui l'objet d'aucune prévision, d'aucune distraction. Il semblait n'avoir pas de sentiment à lui, entrant toujours dans la manière de penser des autres, à moins qu'il ne vît une utilité réelle à agir autrement. Le don surnaturel de prudence perfectionnait en lui les qualités naturelles qui font l'homme prudent. Il agissait en tout avec une discrétion peu commune. Il serait difficile de trouver dans toute sa conduite une faute un peu considérable contre cette vertu qui est de tous les instants. Aussi avait-on la plus grande confiance en ses conseils, et l'on n'avait guère lieu de se repentir de les avoir suivis.

Les divers états intérieurs par lesquels le P. Folloppe avait passé lui donnaient une connaissance profonde des voies spirituelles avec l'esprit de discernement. Il démêlait avec beaucoup de facilité, dans ceux qui étaient sous sa conduite, les opérations de la grâce d'avec celles de la nature et du démon. Un entretien avec une personne d'oraison, quelquefois sa vue seule, suffisait pour la lui faire connaître. Il avait un talent singulier pour la direction.

Quoique nous n'ayons pu indiquer que d'une manière fort imparfaite les voies par lesquelles le Saint-Esprit a conduit le P. Folloppe, on peut cependant y reconnaître les moyens les plus efficaces pour arriver à la plus haute sainteté : dispositions pour la vertu les plus heureuses, innocence conservée jointe à l'esprit de pénitence, docilité à la grâce, don sublime d'oraison, faveurs extraordinaires, persécutions, maladies, infirmités compliquées, peines intérieures des plus crucifiantes. Il semble qu'une âme ne puisse être conduite par de telles voies sans être prédestinée à une sainteté éminente, à laquelle le défaut seul de fidélité peut l'empêcher d'arriver. Or, on a lieu de croire que le P. Folloppe a été toute sa vie attentif et exact à correspondre à la grâce; à quel degré de sainteté n'a-t-il donc pas dû arriver! Il ne faut donc pas s'étonner de la haute estime qu'en avaient ceux qui ont été à portée de le pratiquer davantage. La plupart de ceux-là mêmes qui ont eu des rapports moins particuliers avec lui le regardaient comme un saint et lui en donnaient le nom. Une personne fort éclairée, et qui l'a bien connu, a dit de lui après sa mort que c'était un parfait religieux.

Ce qu'offre de plus remarquable la vie du P. Folloppe, c'est la faveur extraordinaire par laquelle Dieu l'éleva à un état d'union qu'on ne peut jamais mériter et qu'il accorde quelquefois à des âmes privilégiées, tandis qu'il la refuse à d'autres âmes fort avancées cependant dans la vertu et d'une grande pureté de cœur. Cette union est la plus sublime de celles dont parlent les maîtres de la vie spirituelle; elle établit entre Dieu et l'âme, dans son fond le plus intime, un commerce d'amour habituel et presque toujours sensible. C'est là, disent-ils, le paradis sur la terre. L'âme peut y jouir de Dieu aussi parfaitement que cela est possible ici-bas. Les occupations extérieures, les rapports avec le prochain, les maladies et les souffrances ne peuvent interrompre l'union avec Dieu, ni en faire perdre le sentiment, quoique l'âme ne le perçoive pas toujours également. Les sens n'ont point de part à cette faveur divine;

ils la laissent à l'âme seule, sans l'embarrasser dans sa jouissance, et cependant ils conservent leur liberté pour agir au dehors, de sorte que l'âme en cet état est toute à Dieu et toute au prochain. Ce degré d'union si élevé est un état permanent et n'est plus sujet aux vicissitudes qui sont ordinaires dans les degrés inférieurs de la vie spirituelle, sans toutefois exclure certaines variations qui surviennent dans l'âme, mais qui n'en altèrent pas le fond habituel.

Tel est l'état de grâce extraordinaire dont le Seigneur favorisa le P. Folloppe. On ne sait à quelle époque de sa vie il reçut cette faveur signalée. Sans entreprendre de décrire les divers caractères propres de cette union, nous nous contenterons de faire mention de quelques traits particuliers qui les supposent et les indiquent. C'est à ce principe qu'il faut rapporter cette paix profonde et ce calme céleste que rien ne pouvait altérer dans son intérieur et qui se manifestaient dans toute sa conduite. De là aussi ce dégagement entier des créatures, cette indifférence absolue pour tous les événements de cette vie, ce dépouillement absolu de sa propre volonté pour ne voir en tout que celle des supérieurs et dans la leur celle de Dieu. De là ce privilége rare et si précieux de prévenir les premières émotions de la sensibilité pour s'arrêter et se garantir ainsi des moindres imperfections. De là encore cette présence continuelle de Dieu qui le tenait dans la vigilance pour éviter les surprises de l'ennemi et dans le recueillement pour se porter sans cesse à Dieu.

Dans une maladie grave qu'il fit à Bordeaux en 1819, son indifférence pour la vie ou pour la mort alla si loin qu'il en fut étonné lui-même, qu'il en conçut quelque inquiétude de conscience et qu'il crut devoir s'en accuser, en présence d'un de ses confrères, au Père recteur, qui était venu le voir.

La même maladie nous fournit encore un fait que les maîtres de la vie spirituelle donnent comme un caractère certain de l'union dont nous parlons. Pendant tout le cours de cette maladie, qui fit craindre assez longtemps pour sa vie, ses grandes souffrances, bien loin de pouvoir troubler la paix profonde dont son âme jouissait dans la partie supérieure, n'arrivaient pas même jusqu'à cette demeure secrète où Dieu se manifestait à elle et se l'unissait par un attrait si puissant, qu'il lui semblait être séparé de son corps. Pendant tout ce temps-là il vit continuellement comme une autre personne distincte de lui-même qui souffrait auprès de lui; à peu près comme s'il eût eu deux âmes, dont l'une, en proie aux douleurs, participait aux langueurs du corps, tandis que l'autre, inaccessible aux effets de la maladie et conservant toute sa vigueur, jouissait de Dieu dans la paix et le calme d'une manière inexplicable.

Le moindre degré de foi rend le chrétien tout-puissant sur le cœur de Dieu, et si, avec cet instrument de force, il peut, selon la promesse de Jésus-Christ, précipiter une montagne dans la mer, il lui est aussi facile de rendre la santé à un malade désespéré. L'amour doit être encore plus puissant. Jamais la charité, reine des vertus, n'exerce un plus grand empire dans le cœur qui en est embrasé et n'obtient plus de grâces du Dieu qui en est l'objet, que dans le sublime degré d'union où était arrivé le P. Folloppe.

La dernière année de son séjour à Bordeaux, en 1821, il s'y passa un événement auquel il fut mêlé, et que nous devons rapporter. Un enfant de douze à treize ans tomba très-gravement malade peu de temps après son arrivée. Le mal fit en quelques jours des progrès rapides, et le médecin déclara qu'on ne pouvait différer de lui donner les secours spirituels. Le P. Folloppe se rendit auprès du malade, mais il était déjà trop tard, il n'avait plus la liberté d'esprit nécessaire pour faire une confession générale et se disposer à une première communion.

Le Père passa auprès de lui une bonne partie de la journée pour attendre le moment où il aurait la présence d'esprit suffisante pour se confesser; mais ce fut inutilement. Il eut recours à son refuge ordinaire, la sainte Vierge, qu'il n'invoquait jamais en vain. L'enfant ne connaissait pas même de nom la mère de Dieu. Sa mère, protestante, l'avait confié pour sa première éducation à un maître de la même religion qu'elle, mais son père, qui était catholique, avait résolu de le faire instruire, quand il serait arrivé à un âge plus avancé, dans les principes de la religion catholique, et c'était dans ce dessein qu'il l'avait placé au collége des jésuites.

Cependant l'enfant allait toujours plus mal. Le lendemain, de bon matin, après avoir essayé de lui inspirer des sentiments de confiance envers la sainte Vierge, le P. Folloppe lui dit d'un ton plein d'assurance : Notre-Seigneur Jésus-Christ a une mère, je vais la prier pour vous. Il alla ensuite dire la messe à l'autel qui lui est consacré. Cependant le mal continua à s'aggraver le reste du jour et une partie de la nuit. Tout à coup, vers quatre heures du matin, la fièvre violente qui ne le quittait plus cessa entièrement. Un professeur, qui avait quelques connaissances en médecine et qui, la veille au soir, avait dit que la guérison du malade était impossible, arriva presque au même moment dans sa chambre. Il fut étrangement surpris de voir le changement subit qui venait de s'opérer. Il se fit montrer les ordonnances du médecin, les trouva convenables à la maladie, mais il ajouta qu'elles n'avaient aucune proportion avec l'effet qu'il remarquait, et dont il ignorait la véritable cause. L'admiration du médecin fut encore plus grande. Il ne pouvait en croire ses yeux. Il tint le bras du malade pendant une petite demi-heure pour observer le mouvement du pouls, s'attendant à voir la fièvre reparaître. S'étant enfin convaincu que le pouls avait repris l'état naturel, il exprima son étonnement dans les termes les plus forts, disant que jamais la médecine n'avait produit un effet semblable. Craignant quelque surprise, il recommanda de l'appeler sur-le-champ au moindre signe d'un nouveau dérangement. Le P. Folloppe, qui accompagnait le médecin, n'eut garde de lui rien dire de ce qui s'était passé. L'enfant s'est toujours cru redevable de sa guérison à la sainte Vierge. La personne qui le gardait avait entendu le Père lui promettre l'assistance de la sainte Vierge, et, à la vue de cette guérison subite, elle ne put s'empêcher d'attribuer cette grâce extraordinaire au P. Folloppe.

Il ne nous a pas été donné de connaître le P. Folloppe sur la terre; mais si nous ne pouvons le voir des yeux du corps, nous avons appris à le connaître et à l'aimer en étudiant sa vie et ses vertus. Son âme immortelle continue sans doute à être embrasée de cet amour de Dieu et du prochain dont elle a été consumée toute sa vie. Dieu ne lui a pas refusé le pouvoir d'exercer encore cette charité tendre et compatissante qui était le caractère de sa vertu. Pourquoi, à l'exemple de ceux qui l'ont connu ici-bas, n'irions-nous pas à lui avec confiance, lui faire part de nos besoins et de nos misères et lui demander le secours de ses prières? Dieu les exauçait quand il était encore sur la terre; il ne les accueille pas aujourd'hui avec moins de bonté, et il nous sera donné de connaître par expérience que la mort ne brise pas les liens qui unissent les chrétiens entre eux.

APPENDICE

APPENDICE

Au commencement de juin 1822, on apprit la mort du P. Marc Folloppe. Son titre d'ancien recteur de Saint-Acheul nous permet d'entrer ici dans quelques détails sur sa vie et ses vertus. Il était né en Normandie. Son inclination le porta de bonne heure vers l'état ecclésiastique; il s'y engagea dans des vues de foi, et l'honora par des mœurs vraiment sacerdotales. La Révolution, en le bannissant de la France, lui donna occasion d'aller en Allemagne et plus tard jusqu'en Russie, où le désir d'une vie plus parfaite le fit entrer dans la Compagnie de Jésus. Il avait été bon prêtre, il devint un saint religieux, grand amateur de l'obéissance, de l'humilité, de la pauvreté. Les fonctions les plus obscures et les plus pénibles faisaient ses délices; il éprouvait pour celles qui auraient pu le mettre en honneur une aversion presque invincible. Aussi n'eut-il jamais de plus grand sacrifice à faire que lorsque, étant revenu en France en 1816, il lui fallut accepter la charge de recteur du collége de Saint-Acheul, qui lui fut imposée par le P. de Clorivière. L'obéissance lui fit surmonter ses répugnances, et tout humble qu'il était, il sut déployer, quand il le jugea nécessaire, une fermeté, une vigueur même, dont ceux qui ne le connaissaient qu'à demi ne l'eussent pas cru capable, parce qu'ils attribuaient à une timidité naturelle la crainte qu'il semblait avoir de se produire. Personne, au reste, ne fit moins sentir que lui le joug du commandement à ses inférieurs, personne ne vérifia mieux ce mot de l'Écriture : *Rectorem te posuerunt ; noli extolli, sed esto in illis quasi unus ex ipsis.*

Nous l'avons vu, au mois d'octobre 1818, déposer avec joie le fardeau dont on l'avait chargé et rentrer dans la vie de simple religieux. Il fut alors envoyé à notre petit séminaire de Bordeaux, qu'il embauma de l'odeur de ses vertus. Les fonctions qu'on lui confia dans cette maison furent celles de Père spirituel, de confesseur des élèves et de préfet de santé ; il sut, en les remplissant, réunir à l'exercice du zèle et de la charité le mérite d'une obéissance parfaite. Il ne regardait comme difficile rien de ce qui lui était demandé par les supérieurs ou par la règle ; il ne savait qu'obéir à la lettre. Nous en citerons deux ou trois exemples. La veille de Noël 1821, vers dix heures du soir, il était encore au confessionnal, lorsque le P. Debrosse, recteur du collége, lui fit dire qu'à raison de sa mauvaise santé, il convenait qu'il allât prendre son repos ordinaire. Le P. Folloppe à l'instant se retira dans sa chambre. Il y était à peine arrivé, qu'un orage, qui menaçait la ville depuis quelques heures, éclata : éclairs, tonnerre, pluie à verse, enfin vent impétueux qui brisa une partie du vitrage de la chapelle pendant la messe de minuit. Au milieu de tout ce fracas, le P. Folloppe, malgré la frayeur qu'il éprouvait, se mit au lit, et, bien qu'il ne put fermer l'œil, il y resta jusqu'au lendemain, sans prendre la liberté de retourner à la chapelle, soit pour se rassurer un peu, soit pour y jouir de la belle cérémonie de Noël.—Le son de la cloche annonçant un exercice quelconque ne le trouvait ni moins docile, ni moins exact : à peine l'avait-il entendue qu'il se mettait en mouvement, et toujours il était le premier rendu au lieu désigné. Dans les conférences spirituelles qu'il avait à faire tous les quinze jours, dès que la fin de la demi-heure commençait à sonner, il s'arrêtait tout court, sans ajouter un mot de plus, sans même achever un mot à demi prononcé. Et ce n'était pas seulement par respect pour la règle qu'il en agissait de la sorte, c'était aussi par esprit de charité. « Je ne dois pas, disait-il quelquefois, abuser des moments libres de nos professeurs ; leurs heures sont fixées, il faut respecter leurs occupations. »

On le voyait souvent, guidé par cet esprit de charité, aller de côté et d'autre dans la maison, pour pouvoir placer à propos quelques paroles d'encouragement Ceux de nos frères qui étaient les plus chargés devenaient l'objet spécial de sa tendre sollicitude, et plus d'une fois ils ont avoué devoir aux petits mots du bon P. Folloppe leur courage, leur persévérance même dans la religion. Les préfets de mœurs et les jeunes régents trouvaient dans ces courts entretiens un soulagement à leurs peines et de nouvelles forces pour porter leur croix avec générosité. Assez souvent le **P. Folloppe** lisait pendant les repas; c'était, disait-il, pour ménager la santé des professeurs. On aurait pu lui répondre, et sans doute on lui répondit plus d'une fois, qu'aucune santé n'avait plus besoin de ménagement que la sienne. La veille du mercredi des Cendres, il affichait à la porte du réfectoire une liste dans laquelle, en sa qualité de préfet de santé, il prescrivait les dispenses dont les nôtres useraient durant le carême. Chacun d'eux y était nommé, et à côté de son nom il voyait ce qu'il pouvait prendre le matin et le soir. Cette attention, bien digne du **P. Folloppe**, plut singulièrement à ceux surtout qui, par timidité ou par scrupule, croyaient ne devoir solliciter aucun adoucissement.

Mais que ne faisait-il pas pour les élèves? Il était pour ceux qui se trouvaient dans la peine un consolateur assuré; pour ceux qui avaient quelque grâce à demander, un médiateur toujours prêt à agir; pour ceux qui redoutaient une punition, un intercesseur éloquent. Ce n'est pas tout : on l'a vu plus d'une fois rendre à des enfants les services les plus bas, les aider par exemple à nettoyer leurs

souliers. Puis, en témoignait-on de la surprise :
« Je ne suis pas bon à grand'chose, répondait-il
en riant, il faut bien que je me ménage ces petites
occupations. » On lui adressait ordinairement pour
la confession ceux des nouveaux élèves qui parais-
saient peu amis de la vertu. Le Père s'en défen-
dait, disant qu'il ne savait pas se fâcher, qu'il ne
saurait rien faire de ces étourdis. Mais l'expérience
prouva que, par sa douceur, il réussissait beaucoup mieux que d'autres directeurs qui, avec ces
sortes d'enfants, croient devoir s'armer de sévérité.
Charmés de la patience et de la charité de ce bon
Père, ces étourdis se rendaient peu à peu et devenaient ordinairement des modèles de régularité. Eux
et tous les autres l'aimaient cordialement et avaient
pleine confiance en lui. Ils prenaient plaisir à s'entretenir de ses vertus et à raconter quelque trait
de sa charité. Le plus souvent ils parlaient de la
manière dont il traitait les malades, de ses tendres
attentions pour les soulager, des conversations
aimables qu'il liait avec eux, pour adoucir les
ennuis de leur situation.

Autant le P. Folloppe était plein de charité pour
les autres, autant paraissait-il insensible à ses besoins

personnels. Quoique habituellement malade et toujours souffrant, il ne voulait d'autre régime que celui de la communauté. Quand les mets ne pouvaient convenir à son état (chose assez fréquente), il faisait si bien qu'il eût été difficile aux yeux les plus attentifs de s'en apercevoir. Ceux de ses confrères qui le connaissaient le mieux jugeaient de sa santé par sa gaieté extérieure : en l'observant de près, ils avaient remarqué qu'il ne se montrait jamais plus riant et plus gai que lorsqu'il souffrait davantage.

Son amour pour la pauvreté répondait à ses autres vertus. Il n'avait dans sa chambre qu'une petite croix de bois dont le Christ avait sans doute été détaché. Un élève lui dit un jour qu'on devrait bien lui en acheter un autre, où il y eût un crucifix. « Mon enfant, dit le Père, c'est bien ma faute si cette croix reste ainsi toute nue ; il y a si longtemps qu'elle m'attend ! et cette image que vous voyez à côté pleure de ce que je ne me suis pas encore crucifié à la place de notre bon maître. »

Le P. Folloppe, en tenant ce langage, ne se rendait pas justice : il y avait longtemps qu'il était sur la croix. Depuis bien des années, en effet, il souffrait de graves infirmités qu'il avait contractées durant son séjour au milieu des glaces de la Russie. Il les rapporta en France ; et les chaleurs du climat de Bordeaux ne purent ni en détruire le principe, ni même les empêcher de devenir avec l'âge plus habituelles et plus douloureuses : elles redoublèrent surtout pendant l'hiver de cette année 1822. Au mois d'avril suivant, on crut devoir l'envoyer à notre résidence de Laval, tant pour lui donner un peu de repos, que pour le rapprocher de la Normandie, qui était sa terre natale. Pendant la route, le **P. Folloppe**, toujours plus occupé des autres que de lui-même, ne tarda pas à s'apercevoir que l'un des quatre religieux trappistes, ses compagnons de voyage, outre qu'il était assez mal vêtu, avait une fièvre violente, et en ressentait actuellement le frisson. A cette vue, sa charité s'enflamme ; il ôte son gilet de laine que ses infirmités l'obligeaient de porter, et contraint le religieux à s'en revêtir. Lui-même venait d'avoir eu fort chaud. S'étant ainsi dépouillé, il fut pris d'un refroidissement subit. Cette crise était des plus fâcheuses au milieu d'un voyage, déjà fort pénible pour un malade : il le savait, mais il se garda bien d'en rien témoigner, et le mal empira. Néanmoins, à son arrivée à Port de Salut, maison de Trappistes voisine de Laval, il s'astreignit à suivre le régime austère de cette sainte communauté. Les aliments grossiers dont il se nourrit alors étaient ce qu'on pouvait imaginer de pire pour son tempérament, dans l'état d'épuisement et de souffrances toujours croissantes qui le consumaient, de sorte qu'après un ou deux jours seulement de ce régime meurtrier, s'étant fait transporter à Laval, il y arriva mourant. Nos Pères, qui virent l'extrême danger où était le malade, se hâtèrent de lui administrer les derniers sacrements, et peu après il expira victime de la mortification et de la charité, le 28 mai 1822. Il n'était âgé que de cinquante-neuf ans.

TABLE ALPHABÉTIQUE

Billy (le P. Jean), S. J., né le 18 mars 1738, mort le 17 novembre 1829, à Paris, pages 29, 41, 44.

Bonnault d'Houet (Marie-Madeleine-Victoire de Bengy de), fondatrice et première supérieure générale de la Congrégation des Fidèles Compagnes de Jésus. Elle est morte à Paris, le 5 avril 1858. Pages 69-75.

Brock (Liboire), S. J., né le 22 février 1782, entré au noviciat le 22 août 1805, page 26.

Brzozowski (le P. Thaddée), S. J., né le 21 octobre 1749, élu supérieur général de la Compagnie le 2 septembre 1805, mort à Polock, le 5 février 1820, pages 40, 49, 55, 57, 59, 66, 67.

Carayon (le P. Auguste), S. J., né le 31 mars 1813, admis dans la Compagnie le 28 novembre 1841, mort à Poitiers le 15 mai 1874, page 27.

Catherine II, impératrice de Russie ; Sophie d'Anhalt Zerbst, née le 2 mai 1729, mariée à l'héritier du trône de Russie le 1er septembre 1745, montée sur le trône le 9 juillet 1762, morte le 17 novembre 1796, page 24.

Chartreux, ordre religieux, fondé au onzième siècle par saint Bruno, pages 7-9, 21, 65, 66.

Clément Auguste de Bavière, électeur, archevêque de Cologne, né en 1700, archevêque de Cologne en 1723, mort en 1761. C'était le frère de l'empereur Charles VII. Page 16.

Clément XIV, Ganganelli, pape, né le 31 octobre 1705, pape le 19 mai 1769, mort le 22 septembre 1774, pages 24-50.

Clorivière (le P. Pierre-Joseph Picot de), S. J., né en

femme du prince Démétrius Alexeïevitch Galitzin, né en
1734, mort en 1799. Il avait été ministre de Russie en
Hollande. Pages 17, 25.

GALITZIN (le prince Démétrius), prêtre et missionnaire, né
le 3 décembre 1770, mort aux États-Unis en 1840,
page 18.

GRIVEL (le P. Fidèle de), S. J., né en 1769, mort le 26 juin
1842, à Georgetown (États-Unis), pages 30 , 58, 66, 67,
82.

GRUBER (le P. Gabriel), général de la Compagnie de Jésus,
né le 6 mai 1740, élu général le 10 octobre 1802, mort à
Saint-Pétersbourg le 5 avril 1805, pages 25, 59.

GUIDÉE (le P. Achille), S. J., né en 1792, mort en 1866,
pages 43-45.

GUILLEMAINT (le P. Jean), S. J., né le 21 mai 1780, mort le
21 juin 1805, page 27.

GUILLORÉ (le P. François), S. J., né en 1615, mort à Paris
en 1684, pages 4, 90.

HOCHBICHLER (le P. Jean), S. J., né en 1740, mort le
24 juin 1817. Après avoir professé la théologie à Augs-
bourg, il fut recteur du collége de Saint-Pétersbourg.
Pages 6, 65.

HUERNE (Didier van), S. J., né le 27 février 1780, entré au
noviciat le 23 août 1805, mort le 25 avril 1810, page 26.

JUIGNÉ (Antoine-Éléonore-Léon Leclerc de), archevêque de
Paris, né en 1728, archevêque de Paris en 1781, mort le
19 mars 1811, page 11.

KOHLMANN (le P. Antoine), S. J., né en Alsace en 1771. Il
entra dans la Compagnie à Dunabourg le 21 janvier 1805 ;

après avoir passé dix-huit ans en Amérique, il fut appelé à Rome, où il mourut le 16 avril 1836. Page 27.

Compagnie le 9 juillet 1829, mort le 8 mai 1853, pages 27, 49.

ROUEN (archevêque de), page 12.

ROZAVEN (le P. Jean-Louis de Leisségues de), S. J., né à Quimper le 9 mars 1772, mort à Rome le 2 avril 1851, pages 30, 43-45.

SÉBILLE (le P. Emmanuel), S. J., né le 8 mai 1776, entré le 23 août 1805, page 26.

SELLIER (le P. Louis), S. J., né le 20 juillet 1772, mort à Saint-Acheul le 14 mars 1854, pages 71-73.

SIESTRZENCEWICZ de Bohusz (Stanislas), archevêque latin de Mohilef, né le 3/14 septembre 1731, à Zabludow, près de Vilna, mort le 1/13 décembre 1826, dans sa 96e année, page 55.

SIMPSON (le P. Antoine-Louis Sionnet, dit), S. J.; après avoir passé une grande partie de sa vie en Angleterre et enseigné les mathématiques au collége de Stonyhurst, il succéda le 23 janvier 1818 au P. de Clorivière, dans le gouvernement des maisons de la Compagnie en France, et le 5 janvier 1820 il fut nommé provincial; il mourut à Saint-Acheul le 25 juin de la même année. Page 67.

STOLBERG (Frédéric-Léopold, comte de), né le 7 novembre 1750, mort le 5 décembre 1819, page 18.

TOLSTOY (comte Dmitri Dmitriévitch), ministre de l'instruction publique et procureur général du Synode, auteur d'un livre intitulé : *le Catholicisme romain en Russie*, 2 vol. in-8°, Paris, Dentu, 1864. Il paraît que plusieurs personnes ont collaboré à ce livre, qui a été composé sous l'inspiration et la direction de Skripitzyn. Pages 42, 43.

TABLE DES MATIÈRES

PARIS. TYPOGRAPHIE DE E. PLON ET Cⁱᵉ, RUE GARANCIÈRE, 8.

[...] écrits et [...] par le P. GAGARIN [...]
Un volume in-18. Prix [...]

[...] Révérend Père Joseph Barrelle, [...]
[...] le P. Léon de Chazournes, de [...]
[...] in-8° cavalier, ornés du portrait et [...]
[...] fac-simile d'autographes. Prix [...]
[...] OUVRAGE. Deuxième édition. Deux volumes [...]
[...] in glacé. Prix [...]

[...] de la congrégation des sœurs [...]
[...] Chartres, par M. Abel Gaveau, prêtre. Un [...]
elzévirien, avec portrait. Prix [...]

[...] Eugénie, ou la Vie et les Lettres d'une [...]
[...] traduit de l'anglais par M. Abel Gaveau, [...]
[...] précédé d'une lettre de Mgr l'évêque de Blois, [...]
[...] petit in-8° anglais, imprimé en caractère elzévirien [...]

[...] Bienheureux Pierre Fourier, par madame la [...]
[...] Vigny, ouvrage précédé d'une Lettre de Mgr l'évêque [...]
[...] Un beau volume in-8°. Prix . . . .

[...] Gratien, essai historique sur Léon IX [...]
[...] l'abbé Delarc, du clergé de Paris. Un vol. in [...]

Le Pape de Rome et les Papes de l'Église orthodoxe [...]
d'après les documents originaux grecs et russes, par [...]
[...] Tondini, Barnabite. Un volume in-18 jésus. Prix [...]

Le Concile du Vatican, son Caractère et ses Actes, [...]
[...] Joseph Fessler, évêque de Saint-Hippolyte (Autriche), [...]
[...] taire général du Concile. Ouvrage traduit de l'allemand [...]
seconde édition. Un volume in-18 jésus. Prix [...]

La Vraie et la fausse Infaillibilité des Papes, par [...]
[...] évêque de Saint-Hippolyte, secrétaire général [...]
[...] Vatican, ouvrage honoré d'un Bref de S. S. Pie IX [...]
[...] Constitution dogmatique du Concile. Un vol. in-18 [...]

[...] Commentaire parlementaire du Syllabus, [...]
[...] IX. Un in-18 jésus. Prix . . . .

PARIS. TYPOGRAPHIE DE E. PLON ET Cie, RUE GARANCIÈRE [...]